JUEGOS

DE

NAIPES
ESPAÑOLES

EDITORES

HERACLIO FOURNIER, S. A.

VITORIA - (España)

Hemos editado los siguientes libros:
- JUEGOS DE NAIPES ESPAÑOLES
- JUEGOS DE NAIPES EXTRANJEROS
- JUEGOS DE SOLITARIOS ESPAÑOLES
- JUEGOS DE SOLITARIOS EXTRANJEROS
- JUEGOS PARA DOS PERSONAS
- MAGIA CON NAIPES
- CURSO **CCC** DE BRIDGE
- DAME CARTAS

Disponemos de reglamentos abreviados para la práctica de diferentes juegos de naipes

Depósito legal: VI. 45-1983
I.S.B.N.: 84-85074-01-7

19.ª EDICIÓN

AÑO 1983

HERACLIO FOURNIER, S. A.

VITORIA — (ESPAÑA)

PROLOGO
A LA 19.ª EDICION

Creemos que será de interés para los lectores de este libro, el conocer algunas ideas y referencias relativas al origen de las cartas o naipes, para lo cual vamos a exponer seguidamente, de una forma breve, una serie de conclusiones respecto al tema.

Sobre los orígenes de los naipes hay diversas y variadas opiniones, siendo las más generales las que les atribuyen un origen oriental.

Esta primera teoría a la que hacemos referencia se debe al inglés Tilley, parece ser la más concluyente y acertada de todas las versiones que circulan sobre esta cuestión. Este ha llegado a admitir la tesis de Abel Remusat, que sitúa la invención de las cartas en la China del año 1120.

Siguiendo con las teorías que admiten los inicios de los naipes en el Oriente, los ingleses Breipkhopf, William Jones y William Andreu, hablan de una derivación india del ajedrez y buscan sus orígenes en los tableros de ajedrez hindúes o indostánicos. No obstante, la problemática de estos comienzos es bastante clara y permite afirmar con bastante seguridad que las conclusiones de estos señores no son acertadas.

Uno de los razonamientos de los que sostienen el origen indostano de las cartas, se basa en la palabra «Nayb», de donde dicen deriva el vocablo árabe «Nabis» y siguiendo esta progresión opinan que la palabra «Naipe» sería una consecuencia de esta última.

El erudito Diego Clemencín, en unos comentarios al «Ingenioso Hidalgo don Quijote de la Mancha», nos habla de un juego que se realizaba con tabas, a las que decoraban sus caras con signos o figuras, convirtiendo luego estas tabas en dados, y por un proceso paulatino de añadir dados al juego se llegó a conseguir 4 palos con 12 imágenes cada uno. El proceso de esta transformación y su arbitrariedad hacen pensar que esta teoría es bastante descabellada.

Otros estudiosos del tema opinan que la palabra naipe procede del vocablo árabe «Nabi», que significa profeta, relacionándolo en sus comienzos con el Tarot y definen que las primeras cartas serían para adivinar y hacer pronósticos.

La aparición de los naipes en Europa, y por muy escasos años de diferencia, se la reparten Suiza, Italia, Bélgica, España y Francia, por este orden, estableciéndose como primera fecha documentada la del año 1377. Existe en el Museo Británico de Londres un manuscrito de un monje alemán, escrito en la celda de un monasterio suizo, en el que da noticias de un juego de cartas que servía «para enseñar a los nobles y educar al pueblo» y lo sitúa en Europa —probablemente en Suiza—, en el año 1377.

En España, las primeras cartas de que se tiene constancia documental, son del año 1380. En el inventario que se hizo en Barcelona, a la muerte de Nicolás Sarmona y que obra en el Archivo Histórico de Protocolos de la Ciudad Condal, se cita la frase «unum ludum de nayps qui sunt quadraquinta cuatuor pecie», que lo mismo se puede referir a dos juegos de Arcanos Mayores del Tarot, que a un mazo al que probablemente le faltaban cuatro cartas.

La importancia de los naipes ha sido enorme en todas las épocas, y más en la actual, por la gran popularidad que ha adquirido su empleo, proporcionando una excelente distracción durante las horas de descanso. Desarrollan la inteligencia y educan la memoria y dominio de sí mismo, exigiendo en todo momento la máxima corrección, ya sea la suerte favorable o adversa.

Con la publicación de este libro damos a conocer los juegos de mayor interés actual en España, que casi en su totalidad son típicamente españoles, dedicando un apartado a los juegos apropiados para niños.

Es nuestro mayor deseo haber cumplido en este libro el fin propuesto, y rogamos la colaboración de los aficionados para poder mejorar, con su valiosa e indispensable ayuda, la próxima edición.

HERACLIO FOURNIER, S. A.

Vitoria, enero 1983

T U T E

Es uno de los juegos que más se practican en España.

Tiene diversas modalidades para jugarlo entre dos, tres o cuatro jugadores.

Indicaremos en primer lugar, las normas comunes a todas las modalidades.

El juego es siempre *de sumar tantos.*

Se emplea baraja española de 40 cartas, con la única excepción de que en el tute subastado se suprimen los doses.

VALOR RELATIVO DE LAS CARTAS.—En todos los palos, el orden de las cartas, de mayor a menor, es el siguiente:

As, tres, rey, caballo, sota, siete, seis, cinco, cuatro y dos.

Por tanto, una carta cualquiera de la serie indicada gana a cualquiera de las siguientes y es ganada por cualquiera de las anteriores.

TANTEO.—Tienen valor en tantos: las cartas, los acuses o cánticos y la última baza del juego, como sigue:

Valor absoluto (en tantos) de las cartas.—El as vale 11 tantos; el tres, 10 tantos; el rey, 4 tantos; el caballo, 3 tantos; la sota, 2 tantos; las restantes cartas, llamadas blancas, no tienen ningún valor en tantos.

Acuses o cánticos.—Se llama acuse o cántico a la combinación de rey y caballo del mismo palo en mano de un jugador.

Los acuses tienen un valor de 40 tantos cuando son de palo de triunfo, y de 20 tantos, cuando son de palo que no es triunfo.

Ultimas.—Ganar la última baza del juego vale 10 tantos, llamados «diez de últimas». El hecho de ganar las «diez de últimas» hace ganar el juego cuando hay empate a tantos entre dos contendientes, pero siempre ganará el que más tantos consiga, aun cuando ambos hayan llegado o sobrepasado los 101 tantos (salida).

De acuerdo con lo expuesto, vemos que el número total de tantos posibles es: de 130 en un juego en que no hay acuses, de 150 en un juego con acuse de 20, de 170 en un juego con acuse de 40, de 190 en un juego con acuse de 60, de 210 en un juego con acuse de 80 y de 230 con acuse de 100.

TUTE.—Es la combinación de los cuatro reyes (tute de reyes) o de los cuatro caballos (tute de caballos) en mano de un jugador.

No está admitido en todas las modalidades de este juego; pero, cuando se admite, el jugador que lo canta gana el juego.

DE LOS JUGADORES Y SUS PUESTOS Y DEL ORDEN PARA DAR Y JUGAR.—Se llama jugador *mano* en una baza al que la inicia, y *postre*, al que la termina.

Entre los jugadores, uno *da* las cartas y el otro es *mano* para la primera baza.

Entre tres o más jugadores, uno da las cartas y es *postre* para la primera baza; el que está a su derecha es *mano;* los demás, están en *medio*.

El jugador que gana una baza gana también la *mano* para la baza siguiente.

Se hace siempre un sorteo para determinar qué jugador empieza dando las cartas, y otro para la elección de puestos, cuando son tres los jugadores.

En cada juego da las cartas un jugador distinto.

El sentido para fijar puestos, para dar las cartas y para jugarlas es siempre el contrario al de las agujas de un reloj.

———

Antes de explicar las diversas modalidades de este juego, damos un pequeño *vocabulario* de términos empleados:

ASISTIR.—Jugar carta del mismo palo que la jugada por el mano.

MONTAR.—Asistir con carta de mayor valor.

FALLAR.—Jugar triunfo cuando no se tiene carta del mismo palo que la que haya jugado el mano.

PISAR.—Estando en tercer lugar y fallo al palo de que ha salido el mano, y habiendo fallado también el jugador que está en segundo lugar, jugar triunfo mayor que éste. Jugando cuatro jugadores se le puede presentar también este caso al que esté en cuarto lugar.

CONTRAFALLAR.—Estando en la misma posición y condiciones que para pisar, pero no teniendo triunfo mayor que el jugado por el primero que ha fallado, jugar carta de otro palo cualquiera.

Se explican mejor estos dos últimos conceptos con un ejemplo:

Juegan entre tres al tute arrastrado, con triunfo copas, y, entre sus cartas, tienen las siguientes:

Mano.—As de oros, tres de oros, rey de oros, cuatro de oros.

Medio.—Siete de oros, seis de oros, dos de oros, seis de copas, caballo de copas.

Postre.—Caballo de oros, sota de oros, cinco de oros, siete de copas, sota de copas.

(De las manos completas no hacemos figurar más que las cartas que intervienen en el ejemplo.)

El mano juega seguidos as de oros, tres de oros y rey de oros, y los otros dos asisten; repite el mano el cuatro de oros; si el de en medio falla de seis de copas, el postre *pisa* con sota de copas; pero si el de en medio fallase de caballo de copas, el postre no tiene triunfo para pisar y *contrafalla*, jugando una carta de cualquier otro palo.

MODALIDADES PARA DOS JUGADORES

TUTE CORRIENTE (Original)

Ha sido casi totalmente desplazado por otras modalidades, por tratarse de un juego poco interesante.

Baraja española corriente de 40 cartas.

El jugador que da las cartas reparte seis a cada uno, vuelve sobre la mesa la carta siguiente, que *pinta* o marca el triunfo, y deja las restantes *(baceta)* sobre ella y boca abajo.

Sale el mano de una carta; responde el otro con la suya. El que gana la baza, la recoge y la deja boca abajo junto a sí. Roba cada uno una carta de la baceta, empezando el que ganó la baza anterior, y sigue el juego de igual modo, hasta terminar la baceta. Acabada ésta, continúan jugando las seis cartas que les quedan en mano.

En el transcurso del juego, *y mientras haya baceta*, no hay obligación de asistir a ningún palo ni de montar cuando se asiste.

Terminada la baceta, hay obligación de asistir y de montar, y, cuando no se puede asistir, es obligado fallar.

La carta que *pinta* se puede cambiar: por el siete, cuando aquélla es as, tres o figura; por el dos, cuando es carta blanca. Pero el que tiene el siete o el dos ha de dar a conocer al contrario que desea hacer el cambio, poniendo dicha carta bajo la que pinta, y no puede tomar ésta hasta que gane baza.

Los acuses o cánticos de 40 ó 20 tampoco pueden hacerse hasta después de ganar baza y no se pueden cantar dos a un tiempo.

El *tute* de reyes o de caballos tampoco se puede cantar hasta haber ganado baza.

Un juego se gana de dos modos: cantando *tute* de reyes o caballos o haciendo 101 o más tantos.

Sucede con frecuencia que ningún jugador consigue hacer los 101 tantos en un solo reparto de cartas. En dicho caso, vuelve a darlas el que hizo las diez últimas en el anterior; se juega siguiendo las mismas normas y gana el juego definitivamente el que, sumando los tantos que va haciendo a los que tenía del reparto anterior, completa en primer lugar 101 o más tantos y *lo canta.*

En este segundo reparto (llamado habitualmente *dar de vuelta*) ha de llevarse de memoria la cuenta de tantos hechos, toda vez que no se permite ver las bazas dobladas.

En cuanto un jugador canta haber ganado, se termina el juego.

Si, hecha la comprobación de tantos, se ve que no ha llegado a 101, gana el jugador contrario, aunque sume menos tantos.

Los jugadores se turnan para dar las cartas por juegos completos.

CONTABILIDAD.—Es elemental. Basta determinar de antemano el importe que se atraviesa en cada juego. También se acostumbra fijar un importe, que gana el jugador que termina en primer lugar cierto número de juegos.

TUTE HABANERO

Es la modalidad preferida para dos jugadores.

Baraja española corriente de 40 cartas.

El jugador que da reparte ocho cartas a cada uno, vuelve la carta que pinta o marca el triunfo y deja sobre ella la baceta.

Mientras haya baceta no es obligado asistir más que a palo de triunfo, pero sin que sea preciso *montar*.

Terminada la baceta, es obligado *asistir*, *montar* y *fallar* cuando no se puede asistir y se tiene triunfo.

El jugador que no asiste con triunfo a triunfo jugado por el contrario por no tenerlo, deberá ir dejando sobre la mesa, y tapadas, las cartas que vaya robando de la baceta, y no podrá tomarlas en su mano, aunque sí jugarlas, mientras no enseñe al contrario las cartas que le quedan en la mano. Convence así a éste de que no hizo renuncio cuando no asistió al triunfo.

Los acuses y el cambio de la carta que pinta, como en la modalidad anterior.

El tute de reyes o caballos no vale.

Se gana un juego haciendo 101 ó más tantos, siguiendo en todo las mismas normas que en la modalidad anterior.

Pero la característica fundamental de este juego es que se puede ganar, sea cualquiera el número de tantos que se sumen, haciendo *capote*.

Hacer o dar *capote* consiste en ganar las ocho bazas que quedan por jugar una vez terminada la baceta; pero hay que cantar previamente que se intenta hacer esta jugada, y, si el contrario hace alguna de las ocho bazas, es él quien gana el juego.

En todos los juegos es conveniente llevar de memoria cuenta de las cartas importantes y de los triunfos jugados. Tanto más lo será en éste cuanto que para poder cantar *capote* hay que tener la seguridad de que el contrario no puede hacer baza.

Y en muchos casos es necesario saber el número de cartas de cada palo que van jugadas.

Por ejemplo: Un jugador tiene en sus últimas ocho cartas las siguientes:

As de copas, tres de copas, seis de copas, as de bastos, tres de bastos, siete de bastos, seis de bastos y cuatro de bastos, siendo triunfo copas.

Ha contado cinco triunfos jugados y recuerda que no se han jugado ni el rey de bastos ni el caballo de bastos.

Para poder cantar capote con seguridad tiene que saber cuántos bastos van jugados, ya que si el contrario tiene sólo dicho rey de bastos y caballo de bastos, aquél da capote; pero si el contrario tiene un basto más, lo pierde.

Para recordar el número de cartas de cada palo que van jugadas, indicamos a continuación un método mnemotécnico empleado por buenos jugadores:

Se va formando un número de tres cifras, correspondiendo la de la izquierda o de las centenas al palo de oros, la del centro o de las decenas al palo de copas y y la de la derecha o de las unidades al palo de espadas; del palo de bastos no hay que preocuparse porque se deduce de las cartas jugadas en los otros tres palos.

Como hay diez cartas en cada palo, puede suceder que, al terminar la baceta, se hayan jugado las diez cartas de uno de ellos, y entonces se recurre al número 0.

Pongamos un ejemplo para aclarar el método:

Sabemos que, al terminar la baceta, quedan ocho cartas a cada jugador; se han jugado, por tanto, 24 cartas en 12 bazas.

La práctica de este método no se consigue sin un

BAZAS Y CARTAS EN ELLAS

	Número que corresponde
1.ª baza: Un oro y una espada	101
2.ª baza: Una espada y un basto	102
3.ª baza: Dos bastos	102
4.ª baza: Un oro y un basto	202
5.ª baza: Dos oros	402
6.ª baza: Dos copas	422
7.ª baza: Una copa y una espada	433
8.ª baza: Dos espadas	435
9.ª baza: Una espada y un basto	436
10.ª baza: Dos copas	456
11.ª baza: Un oro y un basto	556
12.ª baza: Dos copas	576

El número formado, 576, nos dice que han salido .... 5 oros, 7 copas, 6 espadas

Supongamos que al jugador mano le quedan en sus ocho cartas .. 3 oros, 1 copas, 2 espadas, 2 bastos

Deducirá de ello que el contrario tiene en las ocho suyas .... 2 oros, 2 copas, 2 espadas, 2 bastos

$$\frac{}{10} \quad \frac{}{10} \quad \frac{}{10}$$

Se ve fácilmente que todas las cartas que tiene el contrario, que no sean oros, copas o espadas, hasta completar ocho, serán bastos. (En el ejemplo anterior tiene seis cartas, entre oros, copas y espadas; las dos que faltan, hasta completar ocho, serán bastos.)

perfecto entrenamiento, y, para conseguirlo, no se precisa jugar; basta coger un mazo de cartas e ir volviéndolas de dos en dos, formando mentalmente el número que corresponde. Vueltas 24 cartas y formando el número definitivo, se comprueba si es correcto o no con las 16 cartas que quedan del mazo.

MODALIDADES PARA TRES JUGADORES

En estas modalidades se acostumbra establecer la mesa con cuatro jugadores, aunque el juego se desarrolla entre tres. Dan las cartas por turno, y el que da no interviene en el juego y no cobra ni paga.

TUTE ARRASTRADO O INDÓMITO

Se emplea baraja corriente de 40 cartas.

El que da reparte 13 cartas a cada jugador, de una en una, y vuelve sobre la mesa la última carta, que pinta o marca el triunfo.

Antes de empezar el juego, puede cambiarse la carta que pinta por el siete, si aquélla es figura o tres, y por el dos, si es carta blanca; pero no hay obligación de hacerlo. (Si, por ejemplo, pinta el tres, y un jugador tiene el siete como único triunfo y cartas muy malas, con las que le es imposible ganar el juego, no deberá hacer cambio, ya que normalmente es difícil que haga baza con el tres y fácil que se lo lleve el que tiene el as de triunfo.)

El juego se desarrolla con arreglo a las siguientes normas:

Es obligación asistir, montar, fallar y pisar; cuando no se puede pisar, está permitido el contrafallo (ver vocabulario en la página 9).

No se puede cantar más que un acuse en cada baza ganada y es obligado cantar *las cuarenta* antes que las *veinte*.

Gana el juego el jugador que hace más tantos.

CONTABILIDAD.—No hay norma rígida para determinar los cobros y pagos.

Proponemos las siguientes:

Jugando sin plato.—En el transcurso del juego, todo jugador que canta cobra de los otros dos: 40 tantos por el acuse de cuarenta y 20 tantos por cada acuse de veinte.

El que gana el juego cobra de los otros dos: 100 tantos si ha hecho en el juego 100 ó menos tantos, y 200 tantos (doble) si ha hecho 101 ó más tantos (se ha salido).

Jugando con plato.—Al empezar el juego, cada uno de los cuatro jugadores pone 100 tantos en el platillo; posteriormente, el jugador que da las cartas pone 20 tantos en el platillo y coloca éste a su derecha.

Antes de empezar cada juego, y después de repartidas y vistas las cartas, los jugadores anuncian si van o no al plato (ir al plato es comprometerse a hacer 101 o más tantos).

Si ninguno va al plato.—Los acuses se pagan como se ha dicho anteriormente.

El que gana el juego sin salirse, es decir, haciendo en el juego menos de 101 tantos, cobra 100 tantos del contrario que hizo menos. El contrario que quedó en medio salva su pago.

Si gana el juego saliéndose, o sea, haciendo 101 ó más tantos, cobra 100 tantos de cada contrario.

Si un jugador anuncia que va al plato.—Los acuses, como anteriormente.

Si el jugador que anunció plato saca (hace 101 ó más tantos), se lleva el contenido del plato y cobra 200 tantos de cada contrario.

Si lo pierde o se lo ponen (hace menos de 101 tantos), dobla el plato y paga 200 tantos a cada contrario.

Llevado el plato por un jugador, se repone con la misma cantidad que al principio del juego.

El valor en dinero del *tanto de pago* se fija de antemano.

TUTE SUBASTADO

Es una modalidad muy extendida y uno de los juegos más interesantes y difíciles con naipes españoles.

Se juega con 36 cartas de una baraja corriente de 40, en la que se han suprimido los doses. Hay, por tanto, nueve cartas en cada palo.

Subasta.—Antes de iniciar el carteo, hay que hacer la subasta para determinar quién de los tres que intervienen en el juego va actuar como *jugador.* Es éste el que ofrece hacer más tantos.

Se fija un mínimo de tantos a subastar, que, generalmente, es de 60.

Una vez repartidas las cartas, empieza la subasta por el jugador mano. Los tres jugadores hacen el cálculo mental de los tantos que pueden hacer, siendo triunfo el palo que les convenga.

Habla el mano, diciendo «Paso», si no llega a 60 tantos, o, en caso contrario el número de tantos que crea poder hacer, y, necesariamente, múltiplo de cinco, pero sin señalar el palo de triunfo.

Habla el segundo; dirá «Paso» si no puede ofrecer un número de tantos superior en 5 ó múltiplo de 5 a los que haya ofrecido el mano. Y, si puede ofrecer más, lo hará.

Y habla el tercero, siguiendo las mismas normas respecto a los anteriores.

Si hubiesen pasado los tres, corre la mano y da el siguiente.

Si ha habido subasta, se queda con el juego el jugador que haya ofrecido más tantos. Señala entonces el palo de triunfo y empieza el carteo.

Gana o saca el juego si hace los tantos que ofreció o más, y lo pierde o se lo ponen si hace menos.

Se acostumbra jugar este juego con plato. Para ir al plato (pretender ganarlo) hay un tope mínimo, que es doble del mínimo para subastar, es decir, 120 tantos.

En el transcurso del juego es obligado: asistir, montar, fallar y pisar, y está permitido el contrafallo (ver vocabulario de la pág. 9).

Los acuses, uno a uno, empezando por las cuarenta.

CONTABILIDAD.—El jugador que gana o pierde un juego subastado a menos de 120 cobra o paga los tantos subastados a cada contrario.

Si la subasta fue igual o mayor que 120, cobra o paga a los contrarios el doble de los tantos subastados y se lleva o dobla el plato.

El plato se nutre de una aportación de todos los jugadores, al empezar la partida, y de la de cada jugador, cuando da las cartas. Ambas aportaciones son arbitrarias y se estipula su cuantía antes de empezar el juego, así como el valor en dinero del tanto de pago.

Llevado el plato, se repone con las mismas aportaciones iniciales.

El interés del juego está en que la subasta no se quede excesivamente corta para las posibilidades de una mano (conjunto de cartas de un jugador).

Para evitarlo, en parte, la subasta debe hacerse en una sola vuelta. No se crea que lleva ventaja el que subasta muy corto. Hay dos razones: una, que deja de cobrar muchos tantos; otra, que le quitarán la subasta muchas veces.

Otro modo de evitar subastas cortas es jugar con «censor». Asume este papel el jugador que da las cartas. Terminada la subasta, el censor toma las cartas del que subastó y las estudia por si ve la posibilidad de ofrecer 10 tantos más. Si es así, los ofrece y pasa a ser jugador en el puesto del que subastó, corriendo con los cobros y pagos, de acuerdo con el resultado del juego. En algunas partidas, cobra o paga el doble de lo que corresponde a la subasta ordinaria.

El juego con censor está cada día más en desuso, sobre todo en partidas serias. Es mucho el tiempo que se pierde con la censura y con el cambio de puestos, y no son muchos más los juegos que se ponen cuando forman la partida cuatro buenos jugadores.

De los juegos subastados normalmente (ni largos ni cortos) puede asegurarse que tienen puesta (se pueden perder) un 30 por 100 al menos, dejando al azar la distribución de las cartas restantes a los contrarios, y esa proporción subiría al 70 por 100 si se distribuyen y juegan convenientemente las cartas de la contra.

COMO HACER LA SUBASTA.—Cada jugador contará el número de tantos que cree poder hacer y subastará el múltiplo de 5 inmediato inferior. Pero, en vez de contar los tantos propios, es preferible contar los que puedan hacer los contrarios, teniendo muy en cuenta los *cargues* posibles.

Se llama *cargue* al hecho de entregar a una baza segura del compañero de contra en un palo carta de tantos de otro palo. Naturalmente que, dadas las normas obligadas del juego, no se podrá hacer un cargue más que en ocasión de no tener carta del palo en que se gana la baza (para asistir), ni triunfo (para fallar).

Estando en segundo o tercer lugar, las subastas anteriores pueden dar datos para hacer la subasta propia.

CONSEJOS PARA JUGAR.—Parece un contrasentido que, siendo un juego muy «atado» o «rígido» (de muchas obligaciones y sin más libertad que el contrafallo), se haga difícil dar unas normas generales para jugarlo bien, como puede hacerse en el tresillo, pero es una realidad, aun siendo este último juego mucho más «libre».

Como en todos los juegos de combinación, es más difícil jugar de «contra» que de «jugador».

Para el «jugador».—El «jugador», al hacer su subasta, sabe: los tantos que ha contado hacer en cada palo, si cuenta o no con las diez de últimas, si ha previsto cargue en algún palo, etc. Y juega en consecuencia. Sólo señalaremos la manera de evitar los cargues, en lo posible, en dos casos:

1.º Cuando tiene palo largo de bazas perdidas.

Ejemplo: Siendo triunfo oros, tiene cuatro espadas blanquillas.

Puede tener:

Cuatro cargues, con las otras cinco espadas en mano de un contrario.

Tres cargues, con cuatro espadas mayores en un contrario y una en el otro.

Un cargue, con tres espadas mayores en un contrario y dos en el otro.

Jugará una de sus espadas la primera vez que sea mano y cada vez que entre en baza, antes de destriunfar, para ver si consigue que falle un contrario. Con cada fallo de la contra evita un cargue.

2.º Cuando tiene palo largo de una o dos mayores y blanquillos perdidos.

Ejemplo: A triunfo oros, con cuatro espadas de as, tres, cuatro y cinco.

Puede tener:

Dos cargues, con cuatro espadas de rey, caballo, en un contrario.

Un cargue, con tres espadas de rey, caballo, en un contrario.

Destriunfará en primer lugar, para asegurar su as y su tres de espadas, y, terminados los triunfos, jugará una espada pequeña.

Cuando vuelva a entrar en baza es indiferente salir de espada pequeña o de as; el resultado será el mismo (analícelo el lector).

Para la «contra».—La «contra» está más desorientada que el «jugador», pero deberá perseguir tres objetivos: impedir los acuses del jugador, quitarle las diez de últimas y facilitar los cargues.

No es posible intentarlos todos, como regla general, y hay que decidirse al empezar el juego por uno de los tres.

Aconsejamos desistir del primero, salvo en casos claros y compatibles con los otros dos, porque, generalmente, el jugador no cuenta con un acuse que no sea seguro.

Pocas veces son compatibles entre sí los otros dos objetivos, ya que, para que sean posibles los cargues, hay que destriunfarse, y, por regla general, para llegar a las últimas hay que conservar los triunfos.

Las cartas que se tienen al empezar el juego indicarán la decisión a seguir; con muchos triunfos (cuatro, por ejemplo) y un palo largo (de cuatro o más cartas) en mano de un contra, será preferible salir de palo largo, de mano y siempre que se entre en baza, para tratar de hacer fallar al jugador y alcanzarle o pasarle en triunfos para llegar a las últimas; con pocos triunfos (uno o dos) y palo largo de cartas mayores, es preferible destriunfarse para hacer posibles los cargues.

Tocado un palo por uno de la contra, su compañero

lo repetirá, como norma general, cuando entre en baza.

Es casi siempre mala jugada repetir el palo de que ha salido el jugador, ya que éste sale siempre del palo que a él le conviene jugar.

La práctica del juego será la mejor enseñanza para los aprendices, a quienes aconsejamos jugar a tanto pequeño, pero no tan pequeño que se «quiten» juegos con subastas imposibles de cumplir, desvirtuando el juego.

TUTE POR PAREJAS, ENTRE CUATRO

Apropiado para jugarse el café o la consumición.

Se juega con baraja española de 40 cartas y entre cuatro jugadores, formando dos parejas, que se sitúan en la mesa formando diagonal cada pareja.

Se determina por la suerte quién da las cartas en primer lugar.

El jugador que da reparte diez cartas a cada uno y vuelve la última suya para marcar el palo de triunfo.

El orden de juego y las normas son los corrientes en el tute.

En cada baza ganada pueden «cantar» a un tiempo los dos compañeros un acuse cada uno.

Gana un juego la pareja que hace más tantos.

CONTABILIDAD.—El café o la consumición suelen jugarse a quien haga primero tres o cinco juegos.

Puede también atravesarse una cantidad determinada en cada juego.

TUTE GANA-PIERDE

Modalidad muy divertida del Tute, que exige astucia e inteligencia y constituye un perfecto pasatiempo.

Se juega individualmente y, en general, entre 4 ó 5 personas, empleando baraja española de 40 cartas.

El jugador que da las cartas, las reparte en su totalidad entre los jugadores participantes, descubriendo la última suya para fijar el «triunfo».

Las cartas tienen el mismo valor que en el tute corriente.

El objeto del juego es el hacer el menor número posible de tantos, ya que perderá el juego precisamente el jugador que más tantos haya hecho. Ahora bien, si un jugador llega o sobrepasa la cifra de 101 tantos, es decir, se «sale», es entonces el único ganador y todos los demás jugadores participantes se apuntarán un juego perdido cada uno.

En esta modalidad de Tute es obligatorio asistir, montar, fallar y pisar y está permitido también el «contrafallo», si bien esta jugada únicamente será conveniente cuando se quiera evitar el que un contrario llegue a los 101 tantos, es decir, se «salga».

Los acuses o cánticos de 40 ó 20 que se realicen en la mesa, van a cargo del jugador que se lleve la baza y la suma de los tantos de los cánticos es obligatoria.

Los cánticos que cada jugador pueda tener en sus manos, podrá cantarlos si le conviene y en la baza que desee, por ejemplo, al verse con posibilidad de llegar o sobrepasar los 101 tantos y «salirse».

Las «diez de últimas» pueden o no contarse, según convenga al que las haya hecho. En realidad únicamente interesa contarlas cuando se necesitan para «salirse».

Si al finalizar el juego hubiese igualdad de tantos entre dos o más jugadores, pierde el que haya hecho las «diez de últimas», y si ninguno de los jugadores empatados las hizo, se dará por perdido aquél de estos jugadores que esté situado más próximo a la derecha del que hizo esta última baza.

EL BRIDGE

¿Nunca ha sentido usted la inquietud de aprender a jugar al Bridge? ¿Teme usted que es un juego difícil y demasiado intelectual?

Todo evoluciona, y hoy en día hay sistemas que hacen muy fácil su aprendizaje, lo que permite practicarlo a cualquier edad, tanto en competiciones oficiales como en el ámbito social o familiar de cada uno, proporcionando el placer de jugar y pasar un rato agradable de descanso y distracción.

El Bridge es el juego más extendido por todo el mundo. En Estados Unidos lo practican 40 millones de personas, de las que dos millones son jugadores federados que toman parte en toda clase de competiciones oficiales. En Polonia, Inglaterra y en otros países es el gran juego nacional por excelencia.

En España cada día se juega más al Bridge. La razón estriba en que se trata de un juego muy social y de actualidad, por jugarse en equipo, es decir, dos contra dos. Por nuestra parte, hemos colaborado con el Centro de Cultura por Correspondencia (C.C.C.) Apartado 666, SAN SEBASTIAN, en la creación y lanzamiento de un curso de Bridge por correspondencia, a nivel básico y con profusión de ejemplos y problemas.

También la Federación Española de Bridge, cuyo Comité Ejecutivo radica en BARCELONA, calle Mallorca, 290, entresuelo 2.ª, teléfono 207.20.98, le ayudará en el aprendizaje de este juego.

Es de destacar el gran éxito que está adquiriendo mundialmente el Bridge «Junior». Se considera «Junior» a todo jugador menor de veintisiete años.

La práctica del Bridge ayuda a los jóvenes a tranquilizar su espíritu y a agilizar su mente.

Diversos países se han dado cuenta de las ventajas que este juego aporta a los jóvenes, hasta el punto de que hay universidades en las que el Bridge es una asignatura optativa. Además, en varias naciones existen tantas Escuelas de Bridge como de cualquier otro deporte de los considerados importantes.

Los países del Este lo han adoptado como un juego social educativo, y en Francia se ha constituido la Sección de «Deportes del Espíritu», en la que se encuentran el Bridge y el Ajedrez.

En España se ha considerado al Bridge durante muchos años como un juego de la «Alta Sociedad», de «gente bien», error que es preciso desvirtuar fomentando la enseñanza de este juego a todos los niveles, y atrayendo a la juventud a su práctica.

GUIÑOTE

Este juego goza de una gran difusión en las provincias de Aragón, Navarra y parte de Castilla.

Tiene una gran semejanza con el «Tute», siéndole aplicables las normas dadas en este juego, por lo que únicamente indicaremos las variantes que lo diferencian del mismo, y que son las siguientes:

Los acuses se forman con reyes y sotas:

Se pueden hacer dos acuses a la vez, ya sea después de haber ganado una baza o después de levantar las cartas de la baceta.

Debe dar siempre el que ganó la última baza del juego anterior, y cuando el juego va de vuelta, el que gana.

Valor de las cartas.—Es el siguiente:

El as	vale	11	puntos.
El tres	»	10	»
El rey	»	4	»
La sota	»	3	»
El caballo	»	2	»

GUIÑOTE ARRASTRADO

Existe también esta variante del «Guiñote», que se puede jugar entre tres, cuatro o cinco personas, siguiendo las reglas dadas para el «Tute arrastrado», teniendo en cuenta que los acuses se hacen con las sotas y no con los caballos.

MANILLA

Parece ser que este juego procede del sur de Francia.

Número de jugadores.—Cuatro: dos como compañeros, contra otros dos.

EL NAIPE.—Baraja española de 48 cartas (en cada palo las cuatro figuras y del dos al nueve, inclusive).

VALOR RELATIVO DE LAS CARTAS.—Nueve o manilla (la más alta), as, rey, caballo, sota, ocho, siete, seis, cinco, cuatro, tres y dos.

VALOR ABSOLUTO DE LAS CARTAS

El nueve (manilla) vale 5 tantos.
El as	» 4	»
El rey	» 3	»
El caballo	» 2	»
La sota	» 1	»

Corresponden 15 tantos a cada palo completo.

Las demás cartas, llamadas blancas, no tienen valor en tantos.

VALOR DE LA BAZA EN TANTOS.—Cada baza vale un tanto para el bando que la gana.

EL SORTEO.—Se extienden las cartas sobre la mesa y cada uno de los jugadores toma una. Los dos jugadores que tengan cartas mayores juegan contra los otros dos. Quien sacó la carta más alta elige sitio y es el primero en dar las cartas, sentándose' frente a él su compañero y a su derecha el jugador contrario que sacó la mayor carta.

Si saliesen dos o más cartas de igual valor, la preferencia la determina el palo, por el siguiente orden: oros, copas, espadas y bastos.

DISTRIBUCION DE CARTAS.—El jugador que ha de dar las cartas, después de bien barajadas, las ofrece a cortar al de su izquierda, distribuyendo a continuación 12 cartas a cada jugador, de cuatro en cuatro, siguiendo el orden de izquierda a derecha y descubriendo la última carta, que corresponde al jugador que las da y que es la que señala o pinta el palo de triunfo.

El orden de rotación señalado se sigue también para jugar y para el turno de dar.

VALOR DE LA CARTA QUE PINTA O MARCA EL TRIUNFO.—Si esta carta es de tantos (manilla o figura), se los anota el bando que dio las cartas al terminar el reparto, salvo en el caso de excepción que se indicará más adelante.

OBJETO DEL JUEGO.—Hacer un cierto número de tantos con bazas ganadas y pintas de triunfo.

COMO SE GANAN LAS BAZAS.—Una baza que no contenga triunfo es ganada por la carta mayor del palo de salida en ella. Una baza que contenga triunfos es ganada por el triunfo mayor.

MARCHA DEL JUEGO.—Inicia el juego el jugador situado a la derecha del que dio, jugando una carta; juegan los demás la suya en el orden de rotación indicado, ateniéndose a las normas siguientes:

Mientras vaya ganando la baza un contrario.—Es obligado:

Asistir a la salida y montar.

Asistir solamente si no se puede montar.

Fallar si no se puede asistir.

Pisar el triunfo del contrario si éste ha fallado y no se puede asistir.

Se puede:

Contrafallar (descartar cualquier carta) si no se puede pisar el triunfo del contrario en el caso anterior.

Descartar cualquier carta cuando no se puede asistir ni se tiene triunfo.

Cuando va ganando la baza el compañero.—La única obligación es asistir, si se puede; en caso contrario, no es obligado fallar y se puede jugar cualquier carta blanca o de tantos.

El que gana una baza gana también la mano para iniciar la baza siguiente.

Llámase *capote* a la jugada máxima, que consiste en que una de las parejas de compañeros haga las doce bazas. Esta jugada no tiene premio especial, pero se gana con ella un tiempo, o sea, media partida.

Los conceptos asistir, montar, fallar, pisar y contrafallar tienen la significación expuesta en la página

PUNTUACION.—Se lleva en una hoja de papel con una casilla para cada pareja de jugadores o bando.

La primera puntuación que se hace normalmente, si hay lugar a ello, es la de tantos de la carta que pinta. Se apuntan los tantos que correspondan al bando del que dio las cartas, al terminar el reparto.

Los tantos de juego posibles son 72 (60 tantos de las cartas de valor entre todos los palos más 12 tantos de 12 bazas).

En cada mano puntúa solamente el bando que, por sus bazas ganadas, tenga más de 36 tantos, y anota en la hoja los tantos hechos por encima de 36. Si los dos bandos suman 36 tantos, no puntúa ninguno (salvo la pinta si hay lugar a ello), y corre la mano para dar de nuevo.

COMO JUGAR LA PARTIDA.—La partida puede ser juego a juego.

Hacer un juego es llegar, en una o varias manos, a un número de tantos fijado de antemano. Es muy corriente que sean 40 tantos, por tener el aliciente de poder hacerlos en una sola meno (el bando que da las cartas puede llegar a 40 ó 41 tantos ganando todas las bazas—36 tantos para anotar—, y, pintando un as o una manilla, 4 ó 5 tantos).

Y también puede hacerse la partida a ganar dos juegos.

Cada juego se puntúa separadamente; no se pueden arrastrar tantos de un juego para el siguiente.

CASO DE EXCEPCIÓN EN LA PUNTUACIÓN POR LA CARTA QUE PINTA.—Cuando el bando que da tiene el número suficiente de tantos para completar un juego con el valor de la carta que pinta, este valor no se anota hasta jugar la mano. Si el bando que dio hace al menos 36 tantos (iguala), se anotan aquéllos y termina el juego.

Pero si hace menos tantos que el otro bando, éste anota los que le correspondan y aquél no anota los tantos de pinta. Y sigue el juego si no ha terminado en esa mano.

Ejemplos del caso de excepción:

Bando 1 (el que da): tiene 38 tantos para juego.

Bando 2: tiene 24 tantos para juego.

Pinta un rey (tres tantos). Se juega la mano antes de hacer anotación alguna.

Si el bando 1 suma 36 o más tantos, anota los puntos de pinta y la basta con ellos para ganar el juego.

Si el bando 1 suma 32 tantos y el bando 2 hace 40 tantos, éste anota cuatro tantos y aquél nada, quedando con 38 y 28 tantos, respectivamente, y sigue el juego.

Si el bando 1 hace 18 tantos y el bando 2 hace 54

tantos, aquél no anota nada; el bando 2 anota 18 puntos, que, con 24 que tenía, hacen 42, y gana el juego.

Recuérdese al examinar estos ejemplos que el bando que hace menos de 36 tantos no puntúa y el que hace más de 36 tantos sólo puntúa el exceso sobre 36.

MANILLA PARA DOS JUGADORES A CARTAS VISTAS

Se emplea el mismo naipe, y las cartas tienen el mismo valor y siguen el mismo orden que en la modalidad anterior.

Se dan 24 cartas a cada jugador, de cuatro en cuatro, y se pinta el triunfo de igual manera.

Con las 24 cartas, cada jugador forma, frente a sí, seis montones de a cuatro cartas, de manera que sea visible la carta superior de cada montón, descubriendo la siguiente a medida que se juega.

Juega el mano una de las cartas descubiertas y responde el otro con una suya, con la obligación de:

Asistir y montar.

Asistir solamente si no puede montar.

Fallar si no puede asistir.

El que gana baza inicia la siguiente.

Doblada la baza, se descubren las cartas que estaban debajo de las jugadas en la última baza. Y se prosigue hasta terminar la mano.

PUNTUACION.—Es similar a la anterior, con una ligera modificación.

El que da puntúa por la carta que pinta, si hay lugar a ello.

Los puntos por cartas de valor en las bazas ganadas son los mismos.

La puntuación por bazas se hace asignando *un tanto a cada cuatro cartas* de bazas ganadas.

Como las bazas son de dos cartas, pueden ocurrir dos casos:

a) Que el número de bazas ganadas por cada jugador sea par; cada jugador tendrá en sus bazas ganadas un número de cartas múltiplo de cuatro; el número total de tantos por bazas será de 12 y el número total de tantos de juego será de 72, como en la modalidad anterior.

b) Que el número de bazas ganadas por cada jugador sea impar; cada jugador tendrá en sus bazas ganadas un número de cartas múltiplo de cuatro, y le sobrarán dos cartas (una baza); estas dos cartas sobrantes suman un tanto. De modo que el número total de tantos por bazas será de 13 en vez de 12 (11 de 11 grupos de cuatro cartas y dos de dos grupos de dos cartas). Y el número total de tantos de juego será de 73 en vez de 72.

Puntúa solamente el jugador que exceda de 36 tantos y solamente por el exceso de 36.

———

Existe cierto confusionismo con los nombres de «malilla» y «manilla», que algunos aceptan como si se tratase de juegos diferentes.

Son, en esencia, los mismos, si bien se juegan con diferentes naipes.

Nosotros conservaremos el de «manilla» por ser el de uso en Cataluña, que es la región donde más se practica este juego.

LA BUTIFARRA

En Cataluña, actualmente, está haciendo furor esta modalidad de la «manilla».

Al dar, la última carta del «mazo» no se vuelve, es decir, no se marca el triunfo.

Se juega a 100 tantos.

El que ha dado las cartas es el que marca el triunfo, si le conviene a la vista de sus cartas, y si no, delega en su compañero, quien tendrá la obligación de marcar triunfo o «butifarra» (sin triunfo), es decir, marca a jugar sin triunfo. Para marcar el triunfo habla siempre en primer lugar el jugador que dio las cartas; si delega en su compañero, es éste quien habla en segundo lugar, y el jugador mano (que es contrario) tiene la réplica a doblar la jugada; es decir, si ve que sus cartas son buenas para ir en contra, al doblar hace que se pague y se cobre doble. En último término, los jugadores que marcaron la jugada podrán redoblar, y con ello el tanteo queda cuadruplicado.

Invariablemente, siempre tiene la salida el jugador mano.

El tanteo es igual que en la «manilla». Es decir, un tanto por cada baza ganada más el valor de las cartas que haya en las bazas. Al marcar «butifarra» el tanteo queda duplicado. Si los contrarios doblan, quedarán el tanteo cuadruplicado, y si se redobla, el tanteo será ocho veces mayor.

JULEPE

Es un juego muy conocido. Se emplea para jugarlo la baraja corriente española de 40 cartas.

La partida ideal se forma con seis jugadores. Si los jugadores fuesen más, faltarían cartas, y, si son menos, duermen o quedan sin intervenir en el juego muchas de ellas. No obstante, al final indicaremos cómo se subsanan estos inconvenientes cuando los jugadores son cinco o siete.

El julepe es juego de bazas.

VALOR DE LAS CARTAS.—Toda vez que el juego es de bazas y no de tantos, las cartas no tienen un valor absoluto (como en el tute, por ejemplo), sino un valor relativo. Es decir, que una carta vale, simplemente, más o menos que otra para ganar una baza.

El orden de valores, de mayor a menor, en todos los palos, es el siguiente:

As, tres, rey, caballo, sota, siete, seis, cinco, cuatro y dos.

PALO DE TRIUNFO.—En cada juego se señala un palo de triunfo, como se indicará más adelante. Sabemos que cualquier carta de triunfo gana a cualquier otra que no sea de triunfo.

ORDEN Y SENTIDO DE ROTACION PARA DAR Y

JUGAR.—Como en casi todos los juegos españoles, el sentido de rotación obligado para el turno de dar las cartas, para repartirlas, descartarlas y jugarlas, es el contrario al de las agujas de un reloj.

El primero en dar o repartir las cartas es el jugador a quien le corresponda por suerte.

Al empezar el juego, es mano para iniciarlo el jugador situado a la derecha del que dio las cartas. Para las bazas siguientes, es mano el que ganó la baza anterior.

REPARTO DE LAS CARTAS.—El que da o reparte las cartas lo hace de una en una, en el sentido indicado, después de haberlas barajado y dado a cortar al de su izquierda, hasta que tenga cinco cada jugador. Vuelve sobre la mesa la carta siguiente, cuyo palo señala el de triunfo. Las restantes, que forman la «baceta», las deja, ocultas, sobre la mesa.

FINALIDAD DEL JUEGO Y DESCARTES.—La finalidad del juego es *hacer dos bazas como mínimo* de las cinco posibles, en cuyo caso se gana; haciendo manos de dos, se pierde o «le dan a uno julepe».

No es obligación de los jugadores intervenir en todos los juegos. A la vista de sus cartas, y por mano, cada jugador da la voz de «paso» o «juego». Los que dicen «paso» no intervienen en el juego. Los que dicen «juego» hacen su descarte, por mano, desprendiéndose de las cartas que creen inútiles para el juego y pidiendo al que dio otras tantas de la baceta.

No se hace, generalmente, el juego con las cinco cartas que se dieron a cada jugador en el reparto, sino que hay un descarte con objeto de mejorar la mano, pudiendo descartarse de alguna o incluso de las cinco cartas.

No es obligado descartarse para ningún jugador. Si alguno cree hacer mejor juego con las cinco cartas que le correspondieron en el reparto, puede jugar con ellas.

Puede suceder que se termine la baceta antes de haber sustituido todos los descartes. Se forma entonces una nueva baceta barajando y cortando las cartas de los jugadores que pasaron.

Para decir «juego» se aconseja tener en mano, como mínimo:

El as de triunfo.

El tres de triunfo con otro triunfo blanco o con as de otro palo.

Dos figuras de triunfo.

Tres triunfos cualesquiera.

Y, hechos los descartes, se está en disposición de empezar el juego.

CÓMO SE GANA UNA BAZA.—La gana la mayor carta jugada del palo de triunfo y, en su defecto, la carta más alta del palo de salida.

NORMAS DEL JUEGO.—En el transcurso del juego es obligatorio: asistir, montar, fallar y pisar (ver vocabulario de la pág. 9). Y no está permitido contrafallar; es decir, que, si un jugador está fallo al palo de que ha salido el mano y un jugador anterior a él falla, tendrá que rendir triunfo si no puede pisar.

BAILE.—El jugador que da las cartas puede quedarse con la carta que pinta o marca el triunfo; pero el hacerlo o «bailársela» le obliga a jugar. Descartará, en su turno, las inútiles y le servirán (para remplazarlas) una menos. Como excepción, cuando la carta «bailada» es el as, el jugador se obliga a hacer tres bazas, como mínimo, para ganar, en vez de dos.

DEFENSA CON LA BACETA.—Cuando es uno solo el jugador que dice «juego», se le hace oposición o defensa entre todos los demás. El mano de entre los que «pasaron» toma las seis primeras cartas de la baceta y descarta una; hace luego su descarte normal el que «jugó», y se juega, siendo mano la defensa para empezar el juego.

CONTABILIDAD.—El que da las cartas pone en el centro de la mesa o en un platillo la cantidad que se acuerde de antemano; esa *cantidad* es el *importe normal del julepe;* pero puede aumentar en algún caso, como más adelante se verá.

Dada la necesidad de hacer dos bazas, como mínimo, para ganar, sea cualquiera el número de jugadores que «jueguen», no podrán resultar ganadores más que *uno* o *dos* de ellos.

Si es *uno* sólo el ganador, se lleva lo que hay en la mesa y una cantidad igual de cada jugador a quien haya «dado julepe».

Si son *dos* los ganadores, se reparten por igual lo que haya en la mesa más las cantidades iguales que han de pagar los que «llevaron julepe».

Se puede incrementar el importe del julepe en dos casos:

1.° Cuando se defiende la mesa con la baceta contra un solo jugador (explicado en el epígrafe anterior), en el que se pueden dar los siguientes resultados:

a) La baceta lleva julepe. El jugador que ganó se lleva lo que hay en la mesa y no varía el importe del julepe para el juego siguiente.

b) Ninguno de los dos lleva julepe. Se reparten lo que hay en la mesa; pero la parte que corresponde a la baceta queda en la mesa, *incrementando* el importe del julepe para el juego siguiente.

c) La baceta da julepe al jugador. Este nada pierde, y lo que había en la mesa queda en ella, *incrementando* el importe del julepe para el juego siguiente.

2.° Cuando, siendo cinco o seis los jugadores que «juegan», ninguno de ellos logra hacer dos bazas. No hay ganador y todos ellos llevan julepe, debiendo poner cada uno en la mesa el importe del julepe, *incrementándolo* para el juego siguiente. Como el aumento es muy grande (se hace seis o siete veces mayor), se puede fraccionar y poner en veces. Es potestativo de los jugadores.

Al empezar esta exposición hemos indicado que la partida ideal se forma con seis jugadores, y explicado el motivo.

Cuando son siete a jugar, se salva el inconveniente de la falta de cartas con el simple convenio de que no intervenga en el juego el jugador que da las cartas.

Cuando son cinco, se evita el inconveniente del exceso de cartas dando seis a cada jugador en el reparto. Los que «juegan» hacen su descarte y lo sustituyen con las necesarias para completar cinco en su mano.

El juego es muy sencillo y no se precisan consejos para jugarlo. Pero sí queremos analizar un caso—el de sólo dos jugadores—, porque es de fácil comprensión y en él se puede ver alguna semejanza (aunque parezca extraño) con el juego del tresillo.

Pretendemos solamente hacer ver la importancia, según los casos, de: adelantarse en bazas, impedir el adelanto del contrario, y de la tenaza o gancho.

Y como mejor se hace patente es con unos ejemplos:

1.º Triunfo copas:

Jugador mano con: tres de copas, caballo de copas, cinco de copas, as de oros y cuatro de bastos.

Jugador segundo con: as de copas, rey de copas, cuatro de copas, dos de bastos y as de bastos.

Obsérvese que el segundo jugador tiene en triunfos el gancho de as y rey contra tres y caballo.

El juego del mano no se puede perder jugándolo bien.

Hay que impedir, a toda costa, que el contrario se adelante en dos bazas y dé luego la falsa, quedándose con el gancho de as-rey.

La salida correcta es de cuatro de bastos, porque no permite adelantarse al contrario más que en una baza a no ser destruyendo el gancho. Con cualquiera otra salida perdería el juego.

2.° Triunfo oros.

Jugador mano con: tres de oros, cinco de oros, as de espadas, siete de copas y seis de bastos.

Jugador segundo con: as de oros, rey de oros, cuatro de espadas, tres de copas y as de bastos.

Este último tiene también gancho en triunfos.

Para anularlo, el jugador mano no tiene más remedio que adelantarse en una baza, y su salida correcta será de as de espadas. Con cualquier otra salida el contrario adelanta dos bazas, da luego la falsa y acaba haciendo el gancho.

Estas normas, que tan mal siguen muchos jugadores de tresillo, las practican perfectamente muchas jugadoras aficionadas al julepe.

TOMATE

Este juego, debido a su sencillez, está extendido por todo el territorio español, gozando de una gran popularidad.

Se juega con baraja de 40 cartas.

NÚMERO DE JUGADORES.—Pueden tomar parte desde dos hasta un máximo de 13 jugadores.

ORDEN DE LAS CARTAS.—El orden de las cartas, de mayor a menor, es el siguiente: as, tres, rey, caballo, sota, siete, seis, cinco, cuatro y dos.

DISTRIBUCION DE CARTAS.—Antes de dar las cartas, los jugadores determinarán, de común acuerdo, el valor del tanto.

Cada jugador toma una carta de la baraja. Quien sacó la carta menor es el que ha de darlas y pondrá en el plato tres tantos antes de hacer la distribución de cartas. A continuación, y después de haber ofrecido la baraja al corte al jugador de su izquierda, dará *tres cartas* a cada jugador, de una en una, y siguiendo el orden de izquierda a derecha, volviendo la carta siguiente, que es la que marca el palo de triunfo, y que quedará descubierta sobre la mesa junto a la baceta.

El turno de dar, en los juegos sucesivos, continúa por orden riguroso de izquierda a derecha.

MARCHA DEL JUEGO.—Una vez distribuidas las cartas, el jugador que las dio puede, antes de ver las cartas que le tocaron en suerte, recoger de la mesa la carta que señala el palo de triunfo diciendo «Tomo», y descartándose obligatoriamente de una carta cualquiera de las de su mano. Por consiguiente, no podrá hacer uso de este derecho si hubiera visto las cartas de su mano.

Inicia el juego el «mano», el cual, si no desea jugar, dice «paso», y, en el caso contrario, dirá «juego». Todos los jugadores restantes, al llegarles su turno, tendrán derecho a esta misma opción, pudiendo *pasar* o *jugar*.

Si el jugador que dio las cartas cogió la que marcaba el triunfo, al llegarle su turno deberá jugar obligatoriamente. Por el contrario, si no hubiera recogido dicha carta, podrá optar por pasar o jugar.

Todos los jugadores que hubieran pasado dejarán sus cartas, vueltas hacia abajo, en el centro de la mesa.

A continuación comenzará a jugar el «mano» o el jugador siguiente, si aquél hubiera pasado, jugando una carta cualquiera. Los demás jugadores, al llegarles su turno, deberán jugar otra carta con obligación de asistir y matar al palo de salida. Si no se pudiera matar, se juega carta menor. Cuando no se tiene carta del palo de salida, se jugará carta de triunfo y, en su defecto, una carta cualquiera.

Gana la baza la mayor carta jugada del palo de triunfo y, en su defecto, la carta más alta del palo de salida.

Inicia la baza siguiente el jugador que ganó la anterior, saliendo de una carta cualquiera y jugando los demás por orden riguroso de izquierda a derecha, en la forma ya explicada.

Cuando pasan todos los jugadores menos uno, un jugador cualquiera, comenzando por el «mano», puede decir «tomo la baceta». En tal caso, dicho jugador tomará las tres cartas superiores de la baceta para jugar con ellas. Esto tiene por objeto evitar que el que juega se lleve el plato sin competencia, ya que, si gana el que toma la baceta, los tantos que debe poner su contrario quedarán en la mesa como «reserva» para el siguiente juego, y, en el caso de que perdiera, no habrá de pagar nada a la mesa.

En algunas partidas es contumbre que el que toma la baceta lo haga para sí, tomando las tres cartas superiores de la misma y corriendo el mismo riesgo que si jugara con las suyas propias.

Por ello, y para evitar confusiones, se debe determinar antes de comenzar la partida en cuál de estas dos formas se ha de jugar la baceta cuando se tome, prevaleciendo durante toda la partida la forma adoptada.

Termina un juego cuando se han jugado las tres cartas de la mano de cada jugador.

TOMATE.—Le dan «tomate» a un jugador cuando no consigue hacer ninguna baza. Si el jugador que distribuyó las cartas tomó la que marcaba el triunfo, deberá hacer, como mínimo, dos bazas para que no le den «tomate».

Por tanto, la finalidad de este juego es, en primer lugar, asegurarse ·una baza para no recibir «tomate» (dos bazas en el caso de que el que dio las cartas haya «bailado» la que marcaba el triunfo), y, en segundo lugar, procurar dar «tomate» a los demás.

TANTEO DEL JUEGO.—Antes de comenzar una partida de «tomate», los jugadores deberán determinar, de común acuerdo, el valor del tanto, que será el mismo para todos los juegos.

El jugador que da las cartas, antes de distribuirlas, deberá dejar en el plato tres tantos, que es el importe del «tomate», pudiendo ser aumentado con las «reservas», si las hubiere, entendiéndose que sólo se juega lo que haya en el plato.

Al finalizar cada juego parcial, los jugadores que reciban «tomate» dejarán junto al plato otro tanto de lo que hubiere en el mismo.

El plato que había se distribuirá entre los jugadores que hubieren ganado las bazas, llevándose dichos jugadores, por cada baza ganada, la tercera parte del mismo. Por tanto, el jugador que gane las tres bazas se lleva todo lo que haya en el plato.

Las reservas.—Es costumbre no poner en el plato el importe de todos los «tomates» recibidos, porque puede aumentar aquél de manera tan considerable, que encarezca excesivamente el juego. Por ello se procede a formar las «reservas» con parte de aquellos «tomates», y se dejan en la mesa junto al plato para irlos incluyendo en el mismo cuando no haya más tantos que los procedentes de dar.

Resumiendo, el plato se nutre:

Con los tres tantos de dar; y

Con lo que se acuerde pasar de las «reservas», si las hay, que deberá ser de tres o múltiplo de tres tantos.

Las «reservas» se nutren exclusivamente con el importe de los «tomates».

———

También puede jugarse el «Tomate a la ciega», o sea, a cartas tapadas y volviéndolas por orden. Suele hacerse para aumentar el plato, ya, que, jugando todos, tiene que haber varios «tomates».

GOLFO

Es juego de envite.

Se juega con baraja española de 28 cartas, con los cuatro palos corrientes y siete cartas en cada palo, del tres al nueve, inclusive (sin ases ni figuras).

VALOR DE LAS CARTAS.—Cada carta vale tantos puntos como señala el número de su índice. Consiguientemente, la mayor es el nueve, y la menor, el tres.

VALOR DE UN JUEGO O MANO.—El juego en mano de cada jugador tiene cinco cartas y vale en puntos lo que sumen las cuatro cartas mayores de un mismo palo.

Ejemplos:

Este juego: nueve de oros, siete de oros, seis de oros, tres de oros y cuatro de bastos, vale 25 puntos.

Idem: nueve de bastos, seis de bastos, cinco de bastos, tres de oros y cuatro de copas, vale 20 puntos (no puntúan más que tres cartas por no haber más del palo de bastos).

Idem: ocho de copas, siete de copas, seis de copas, cuatro de copas y tres de copas, vale 25 puntos (la quinta carta no puntúa aunque sea del mismo palo que las otras cuatro).

El valor máximo de una mano es de 30 puntos cuando tiene el nueve, el ocho, el siete y el seis de un mismo palo.

Es, mayor, entre dos juegos, el de más puntos, y, a igualdad de puntos, el de mano.

A diferencia de lo que sucede en el póker, en que no hay seguridad de ganar con ningún juego, en el golfo hay lo que se llama «jugada trabuco», que gana infaliblemente, y es tener treinta puntos siendo mano.

COMO SE GANA.—Como en todos los juegos de envite, no basta tener el mayor juego para ganar. Hay que aceptar el envite mayor que se cante para tener opción a ganar la jugada. Aceptando el mayor envite entre dos o tres jugadores, gana el que tenga juego mayor.

Si un jugador hace un envite que no es aceptado por los demás, gana, aunque tenga menor juego que los contrarios, y no está obligado a descubrirlo.

ORGANIZACION DE LA MESA Y JUGADORES.—La mesa se organiza con cuatro jugadores. Sólo toman parte en cada juego tres de ellos, quedando sin jugar el que dio las cartas.

ORDEN O SENTIDO PARA EL TURNO DE DAR, REPARTIR LAS CARTAS, DESCARTARSE Y PARA HACER LOS ENVITES.—Siempre, y para todo, el sentido contrario al de las agujas de un reloj.

Da en primer lugar el jugador a quien le corresponda por suerte.

MARCHA DEL JUEGO, REPARTO DE CARTAS Y ENVITES.—El que da, lo hace entregando primeramente *dos cartas* a cada jugador. Estos las ven y empiezan los envites por mano. Pueden pasar, dando la voz de «va bien», o envidar, poniendo su envite en la mesa frente a sí mismo; el que no acepte el envite queda fuera de juego (esta norma es la misma para los envites posteriores).

Si han ido todos en paso o se ha envidado y aceptado el envite, el que da las cartas entrega otras *tres* cartas a cada uno de los jugadores que quedan en juego. Nuevos envites.

Primer descarte, y, una vez remplazado, nuevos envites.

Segundo descarte y remplazo para formar el juego definitivo, y envites finales.

En todo descarte puede descartarse cualquier número de cartas, dejándolas hacia abajo, cubiertas, sobre la mesa. Ningún jugador puede ver los descartes de los demás, ni los propios, una vez dejados sobre la mesa.

Insistimos en esta marcha, ordenándola por líneas para mayor claridad.

Con dos cartas del reparto: envite primero.

Con cinco cartas del reparto: envite segundo.

Hecho y remplazado el primer descarte: envite tercero.

Hecho y remplazado el segundo descarte: envite cuarto y fin de juego.

Todo el mundo sabe que a un envite se puede contestar renunciando, aceptándolo o haciendo un envite mayor. La aceptación, sin puja, termina el envite.

Con las nociones dadas hasta ahora basta para jugar mal.

Y decimos esto porque el golfo es un juego difícil o que requiere, al menos mucha retentiva. Es éste el motivo de estar bastante abandonado, porque el aficionado a juegos de envite es, en general, poco dado a discurrir o retener.

Dése cuenta el lector de que, habiendo dos descartes, cada jugador ve en su propio juego de nueve a doce cartas. Y la vista de los palos distintos del de su juego le indicará el máximo de puntos que los otros jugadores pueden sumar en dichos palos; detalle importantísimo, que muchas veces le permitirá saber que tiene punto máximo posible y que gana infaliblemente.

Veamos lo que rebajan la puntuación máxima las cartas que ve cada jugador, descartadas o en su mano:

Un nueve *aislado* rebaja cuatro puntos. Puntuación máxima sin el nueve: 26 puntos.

Un ocho *aislado* rebaja tres puntos. Puntuación máxima sin el ocho: 27 puntos.

Un siete *aislado* rebaja dos puntos. Puntuación máxima sin el siete: 28 puntos.

Un seis *aislado* rebaja un punto. Puntuación máxima sin el seis: 29 puntos.

Las cartas inferiores, vistas solas, no rebajan la puntuación.

Pero, generalmente, se descarta y se ve más de una carta del mismo palo.

Una carta cualquiera, habiendo visto otra mayor de su mismo palo, rebaja un punto más de lo que rebaja aislada.

Ejemplo: Un seis, habiendo visto también el ocho del mismo palo, rebaja dos puntos en vez de uno. Las dos cartas juntas rebajan cinco puntos (tres del ocho más dos del seis). La puntuación máxima en dicho palo será de 25 puntos. Comprobación: el mayor juego podrá sumar $9 + 7 + 5 + 4 = 25$.

Las cartas que, aisladas, no rebajan nada, lo hacen si se han visto otras cartas mayores de su palo. El cinco rebaja un punto si se ha visto otra mayor de su palo y dos puntos si se han visto dos cartas mayores. El cuatro rebaja un punto si se han visto dos cartas mayores y dos puntos si se han visto tres cartas mayores, y así sucesivamente.

Ejemplo: Se han visto el cinco y el ocho. Rebaja total: cuatro puntos (tres del ocho más uno del cinco). Puntuación máxima: 26 puntos. Comprobación: Juego mayor, $9 + 7 + 6 + 4 = 26$.

Otro: Se han visto el cinco, el seis y el siete. Rebaja

total: seis puntos (dos del siete más dos del seis más dos del cinco). Puntuación máxima: 24 puntos. Comprobación: Juego mayor, $9 + 8 + 4 + 3 = 24$.

Otro: Se han visto el cuatro, el seis y el siete. Rebaja total: cinco puntos (dos del siete más dos del seis más uno del cuatro). Puntuación máxima: 25 puntos. Comprobación: Juego mayor, $9 + 8 + 5 + 3 = 25$.

El que pretenda jugar bien ha de ejercitarse en estos cálculos para llegar a hacerlos casi automáticamente, y, además, ha de seguir una regla mnemotécnica para recordar las cartas vistas de distintos palos del de su juego.

Con respecto a estas reglas recordemos el refrán «Cada maestrillo tiene su librillo», lo que equivale a decir que cada uno debe buscarse la suya para su uso particular.

Lo interesante es que los números a recordar sean pequeños; a ser posible, de una sola cifra. Aconsejamos tratar de recordar los tantos rebajados en cada palo por las cartas descartadas o vistas; rara vez pasarán de nueve.

Sólo hay que preocuparse de los tres palos a que no se juega. Se les asigna siempre el orden de oros, copas, espadas y bastos.

Si uno juega a espadas y ha formado el número 453, quiere decirse que en oros rebaja cuatro con máximo de 26, en copas rebaja cinco con máximo de 25 y en bastos rebaja tres con máximo de 27.

Naturalmente que el palo más peligroso, como contrario, es aquel en que se rebaja menos, porque es el palo en que algún jugador contrario podrá tener la mayor puntuación, pero no hay más remedio que ir formando el número mnemotécnico cada vez que hay descarte, porque hasta el final no se sabe en qué palo se rebajarán menos puntos.

RESTOS.—En este juego, como en todos los de envite, todos los jugadores han de estar, al empezar el juego, en las mismas condiciones económicas para que uno no pueda «achicar» a otro por dinero.

Por ello, los restos—o cantidades de dinero que cada jugador pone en su platillo al empezar el juego— han de ser los mismos. Se fija su cuantía de común acuerdo entre los jugadores.

Cuanto se agota el resto de un jugador, éste lo repondrá con la misma cantidad con que empezó o con otra, que, como mínimo, se habrá fijado de antemano.

Ningún jugador puede perder ni ganar a cada uno de los demás, en un envite, mayor cantidad que la que tenga de resto.

GILEY

Es un juego que se ha practicado mucho en los pueblos que celebran con frecuencia grandes ferias de ganado. Por esta causa es llamado «juego de gitanos».

Es juego individual y de envite.

NUMERO DE JUGADORES.—De preferencia, cuatro; pero pueden jugar cinco.

EL NAIPE.—Se emplea una baraja española de 28 cartas, formada quitando los cuatros, cincos y seises a una baraja corriente de 40 cartas. Quedan así las siguientes cartas en cada palo.

As, rey, caballo, sota, siete, tres y dos.

VALOR DE LAS CARTAS.—Todas las cartas tienen un valor en puntos, como sigue:

As, 11 puntos; rey, caballo, sota, tres y dos, 10 puntos; siete, siete puntos.

OBJETO DEL JUEGO.—Sumar el mayor número de puntos con cartas de un mismo palo.

Toda vez que el envite final se hace, cuando hay lugar al mismo, teniendo cuatro cartas cada jugador, las puntuaciones posibles, de mayor a menor, serán:

Con las cuatro cartas del mismo palo (giley):

As y otras tres del grupo de 10 puntos: 41 puntos (máxima).

Cuatro cartas del grupo de 10 puntos: 40 puntos.

As, dos cartas del grupo de 10 puntos y siete: 38 puntos.

Tres cartas del grupo de 10 puntos y siete: 37 puntos.

Con tres cartas del mismo palo y la cuarta de otro es fácil ver que las puntuaciones posibles serán: 31, 30, 28 y 27 puntos.

Y así sucesivamente.

————

Este juego tiene gran semejanza con el «golfo», ya que el fin perseguido es parecido: hay envites intercalados con el reparto de cartas, hay descarte y hay envite final.

Como en todos los juegos de envite, para que un jugador quede en juego es preciso que acepte el envite mayor que se haya hecho o que él haga el envite mayor; en caso contrario, se entiende que renuncia a su posibilidad de ganar y cesa en el juego.

SENTIDO DE ROTACION PARA EL TURNO DE DAR, PARA REPARTIR LAS CARTAS, PARA DESCARTARSE Y PARA ENVIDAR.—Siempre el contrario al de las agujas de un reloj.

REPARTO DE LAS CARTAS Y ENVITES INTERCALADOS.—Reparte las cartas en primer lugar el jugador a quien le corresponde por un sorteo, llevado a cabo de cualquier manera.

Pone en el centro de la mesa una cantidad fijada de antemano y de común acuerdo entre los jugadores.

Baraja el mazo, lo pone a cortar al jugador de su izquierda, completa el corte, y da dos cartas, de una en una, a cada jugador.

A la vista de estas dos cartas se hace el *primer envite*.

Pueden pasar todos y quedan todos en juego para continuar la mano.

Puede envidar un jugador y no aceptar el envite ninguno de los demás; en este caso, dicho jugador se lleva lo que hay en la mesa; termina la mano y corre el turno para dar la siguiente.

Y, finalmente, el envite de un jugador puede ser aceptado por uno o varios de los demás o pujado en más por alguno de ellos y aceptada esta puja, a su vez, por uno o varios.

Hecho un envite o una puja, todos los jugadores en juego tienen oportunidad, por turno, para aceptar, pujar de nuevo o renunciar.

Si, como consecuencia del primer envite, quedan dos o más jugadores en juego, el que da reparte a cada uno de ellos, y de una en una, otras dos cartas del mazo.

Tiene ya cada jugador en juego cuatro cartas; a su vista se hace el *segundo envite*, siguiendo las mismas normas señaladas para el primero.

DESCARTE Y ENVITE FINAL.—Si, como consecuencia del segundo envite, quedan dos o más jugadores en juego, se procede al *descarte*. Cada jugador, por turno, puede descartarse de las cartas que crea conveniente, y el que da se las sustituye por otras tantas del mazo. Y se hace el *envite final*.

Si en este envite final envida un jugador y los demás no aceptan el envite, aquél es el ganador; se lleva cuanto haya en la mesa y no tiene obligación de enseñar sus cartas.

Si pasan todos, quedan todos en juego.

Si envida uno y aceptan otro u otros o hay puja aceptada por uno o varios quedan en juego el que envidó o pujó y los aceptantes.

En estos dos últimos casos todos los jugadores que hayan quedado en juego muestran sus cartas para determinar el ganador. Lo es el que tenga mayor puntuación. Si hay dos o más puntuaciones mayores iguales, es ganador el jugador mano. El ganador recoge cuanto haya en la mesa.

Termina la mano y corre el turno para dar la siguiente.

Nota.—Todas las cantidades que se atraviesan por envites y pujas se ponen en el centro de la mesa.

RESTOS.—Se llama así a los fondos que cada jugador tiene en su platillo. Al empezar el juego todos los restos han de ser iguales y se determina su cuantía de común acuerdo entre los jugadores. Terminado un resto, se repone generalmente con la misma cantidad con que se empezó, pero no hay limitación de cuantía para estas reposiciones.

Ningún jugador puede perder ni ganar a cada uno de los demás, en un envite, mayor cantidad que la que tenga de resto.

———

Como todos los de envite, este juego es temperamental. No se puede, por tanto, dar consejos para jugarlo bien.

Sólo indicaremos las aperturas, pujas y aceptaciones en el primer envite (con las dos primeras cartas).

Son cartas de apertura (iniciar el envite primero): dos cartas del mismo palo.

Son cartas de aceptación de la apertura: dos cartas del mismo palo; un as y otra carta cualquiera.

Son cartas de puja: dos cartas de as en el mismo palo.

Son cartas de aceptación de puja: dos cartas del mismo palo; un as con otra cualquiera, estando en posición mano.

Son cartas de puja al resto: as y carta de 10 puntos del mismo palo.

Son cartas de aceptar puja al resto: as y carta de 10 puntos del mismo palo, as con otra carta cualquiera estando en posición mano (optimista).

———

VARIANTES DEL JUEGO.

Con palo de favor.—La única diferencia estriba en que, para puntuaciones mayores iguales, no se da la preferencia a la mano, sino a uno de los palos, llamado de favor, determinado de antemano por los jugadores. Si no hubiese jugada en dicho palo, pasa la preferencia a la mano.

Con preferencia por palos.—Tampoco se da la preferencia a la mano para puntuaciones mayores iguales, sino a los palos, por su rango. Siendo éste, de mayor a menor: oros, copas, espadas y bastos.

———

En estas dos variantes, y a los efectos del primer envite, el as de palo de favor en la primera y el as de oros en la segunda juegan el mismo papel que un as cualquiera en posición de mano en el tipo de juego corriente.

M U S

Es un juego de origen vasco, para el que se emplea baraja española de 40 cartas.

NUMERO DE JUGADORES.—Puede jugarse individualmente entre dos o más jugadores hasta un máximo de seis, o entre cuatro o seis jugadores formando dos campos contrarios de dos y tres jugadores, respectivamente; pero la partida más interesante y la que más se juega es la de cuatro jugadores, jugando por parejas de compañeros, cuyo reglamento es el que vamos a explicar:

ORDEN Y VALOR DE LAS CARTAS.—El orden de las cartas, de mayor a menor, es el siguiente: rey o tres, caballo, sota, siete, seis, cinco, cuatro, dos o as. No hay triunfo ni distinción de palos.

El valor de las cartas en cualquiera de los palos es el siguiente:

Cada rey, tres, caballo o sota vale 10 puntos; las demás cartas, su valor natural, representado por el índice, excepto los doses, que, como los ases, valen un punto.

Los reyes tienen el mismo valor que los treses, y los doses igual que los ases para todas las jugadas, lo cual, para efectos del juego, equivale a jugar con ocho reyes y ocho ases.

Hay quienes prefieren jugar solamente con los cuatro reyes y con los cuatro ases, en cuyo caso los treses y los doses conservan su valor natural.

SORTEO DE PAREJAS.—Cada jugador toma una carta. Los dos jugadores que tengan las cartas mayores juegan contra los otros dos jugadores que tengan las cartas menores.

Quien sacó la carta más alta elige sitio y es el «jugador mano», sentándose frente a él su compañero y a su derecha el jugador contrario que sacó la carta mayor.

DISTRIBUCION DE CARTAS.—El jugador situado a la izquierda del «mano», después de bien barajadas las cartas, las ofrece a cortar al jugador de su izquierda, quien, al cortar, no podrá levantar ni dejar menos de tres cartas.

Aquél tomará de nuevo el mazo, distribuyendo *cuatro cartas* a cada jugador, de una en una, comenzando por el «jugador mano», que es el situado a su derecha. La dirección o sentido para dar las cartas, así como para jugar, es inversa a la marcha del reloj.

EXPLICACION DE LAS JUGADAS DEL MUS.—Cada jugador, con sus cuatro cartas, podrá formar las jugadas que se explican a continuación.

Grande.—Consiste en tener cartas lo más altas posible, atendiendo al orden de las mismas.

Ejemplo: Rey, rey, sota y siete, o rey, tres, rey y cuatro, etc. (Recuérdese que los treses son reyes). Gana el segundo ejemplo.

Chica.—Es una jugada inversa a la anterior, que consiste en tener cartas lo más bajas posible, atendiendo a su orden.

Ejemplo: Caballo, siete, cuatro y as, o sota, cuatro, as y dos, etc. (Recuérdese que los doses son ases). Gana el segundo ejemplo.

Pares.—Es tener dos o más cartas iguales.

Par si sólo se tienen dos cartas iguales.

Ejemplo: Rey, rey, sota y seis, o rey, sota, sota y cinco, etc.

Gana el primer ejemplo por ser la pareja de reyes de orden superior a la de sotas.

Medias.—Cuando se tienen tres cartas iguales.

Ejemplo: Sota, sota, sota y dos, o caballo, seis, seis y seis, etc.

Gana el primer ejemplo por ser las sotas de orden superior a los seises.

Duples.—Consiste en tener dos parejas.

Ejemplo: Caballo, caballo, siete y siete, o rey, rey, as y dos, etc.

Gana el segundo ejemplo por ser la pareja de reyes de orden superior a la de caballos. Si al par superior hay empate, gana el segundo par mayor.

Ejemplo: Rey, rey, caballo y caballo, gana a rey, rey, sota y sota. *Duples* gana a *medias* o *par*. *Medias* gana a *par*.

Juego sí.—Se tiene juego cuando la suma del valor de las cuatro cartas de la mano es 31 ó más, siendo el mejor punto 31, siguiendo el 32, y de éste salta a 40, descendiendo a 37, 36, 35, 34 y 33, que es el peor punto.

Ejemplo: Rey, rey, sota y cinco igual 35 puntos, o tres, rey, caballo y dos igual 31 puntos.

Gana el que tenga el mejor punto; en este caso, el segundo ejemplo.

Juego no.—Cuando la suma del valor de las cartas es inferior a 31 puntos. En esta jugada el mejor punto es 30 y desciende hasta cuatro, que es el peor.

Solamente tiene valor esta jugada en el caso de que ninguno de los cuatro jugadores tenga juego.

Empate.—En ninguna de las jugadas del *mus* puede haber empate. Cuando dos o más jugadores tengan las

mismas cartas, gana el jugador «mano» o el más cerca-
no al mano.

MARCHA DEL JUEGO.—Después de distribuidas las
cuatro cartas a cada jugador, examinará cada cual las suyas para estudiar las posibilidades de su jugada.

El jugador «mano» iniciará el juego, manifestando:

Si desea jugar con sus cuatro cartas iniciales, sin ir
al descarte, en cuyo caso dirá: «No hay mus».

O, si prefiere mejorar su juego inicial, yendo al descarte de alguna o de todas sus cartas, en cuyo caso dirá:
«Mus», En este caso el jugador siguiente deberá manifestar si desea cortar el mus, diciendo: «No hay mus»,
o si desea mejorar su juego inicial yendo al descarte,
diciendo: «Mus»; y así sucesivamente, cada uno de los
jugadores, al llegarle su turno de juego, deberá manifestar si desea o no ir al descarte. Pero en el momento
que un jugador, al llegarle su turno de juego, corta el
mus, diciendo: «No hay mus», ninguno podrá descartarse, comenzando a jugar el «mano» en la forma que
luego se explicará.

Si el jugador que da las cartas, al distribuirlas, descubre una de éstas inadvertidamente, hay «mus visto»
obligado, pudiendo quedarse «servido» quien lo desee,
sin ir al descarte; pero si uno o más jugadores quedan
«servidos», no podrá haber un segundo descarte.

EL DESCARTE.—Para que pueda efectuarse el descarte es necesario que los cuatro jugadores digan:
«Mus», procediendo el que dio las cartas a distribuir a
cada jugador las que solicite a cambio de su descarte,
que puede ser hasta el total de sus cuatro cartas, comenzando por el «mano».

Este descarte podrá repetirse cuantas veces lo deseen
los cuatro jugadores, manifestándolo cada vez en la forma ya explicada.

En el momento que se acaben las cartas del mazo sin

haber podido completar la mano de todos los jugadores, se tomarán y barajarán los descartes de todos, salvo cuando sea un solo jugador el que falte, en cuyo caso queda su descarte aparte, completándose sus cartas con las de los demás jugadores.

Los descartes se dejarán sobre la mesa hacia abajo para que no puedan verse las cartas.

Ningún jugador podrá descartarse antes que le llegue su turno de juego.

ANUNCIO DE LAS JUGADAS.—El mus es un juego en el que no se juegan cartas para ganar bazas, sino que cada jugador, con las cuatro cartas que tiene en su mano, y que no enseñará hasta el final de cada juego parcial, deberá hacer ver a los jugadores contrarios, en cada uno de los lances o jugadas, que posee cartas superiores. Sin embargo, hay casos en que procurará hacer ver lo contrario, con objeto de sorprender a los contrarios con mejor juego que ellos.

El jugador «mano» es el primero que en cada lance o jugada manifiesta si desea *pasar*, *envidar* (lo cual quiere decir que se juega dos piedras) o *hacer una apuesta mayor*, y cada uno de los demás jugadores, por turno riguroso de juego (inverso a la marcha del reloj), deberá manifestar si *pasa*, si *acepta* el envite o si lo *aumenta*.

El jugador «mano» deberá hacer el anuncio de las jugadas por un orden riguroso ya establecido, que es el siguiente: GRANDE, CHICA, PARES, JUEGO.

Es muy curiosa la forma de jugar al mus, pues se sobrentiende siempre el lance o jugada que corresponde jugar, sin necesidad de que expresamente lo anuncie el «mano», por lo que es costumbre iniciar las jugadas de GRANDE y CHICA diciendo: «Paso», o «Envido», «Tanto envido». La jugada de PARES se inicia diciendo: «Sí» (si tiene PARES) o «No» (si no los tiene). Cada uno de los demás jugadores, al llegarle su turno, dirá «Sí» o

«No», iniciándose los envites en el caso de que más de un jugador tenga PARES. El lance de JUEGO se iniciará en la misma forma que el de PARES, diciendo cada uno de los jugadores, al llegarle su turno de juego, «Sí» o «No». Si ningún jugador tiene JUEGO, se hacen los envites entre los jugadores que deseen envidar al mejor punto de JUEGO NO.

Un jugador podrá pasar, sin quedar eliminado, siempre que ningún jugador anterior a él haya envidado, pudiendo entrar en el juego al llegarle su segundo turno de hablar, aceptando o aumentando los envites anteriores; pero si un jugador pasase después de haber envidado algún jugador anterior a él, queda definitivamente eliminado de ese lance o jugada. Si un jugador no aceptara en su segundo turno de hablar los reenvites superiores al suyo, quedará, asimismo, eliminado de esa jugada.

TERMINACION DE CADA LANCE O JUGADA.—Cada una de las jugadas o lances del mus termina, iniciándose la jugada siguiente, en el momento que los envites de aquella jugada quedaron equilibrados o en el caso de que todos los jugadores hubiesen pasado.

TERMINA UN JUEGO PARCIAL.—En el momento de haberse jugado todas y cada una de las jugadas que se señalaron como obligatorias: GRANDE, CHICA, PARES, JUEGO.

O inmediatamente después de haber sido aceptado un ORDAGO, en cuyo caso todos los jugadores descubren sus cartas para mostrar su jugada y ver quién gana.

TERMINACION DE UN JUEGO.—Un juego de mus se compone de los juegos parciales necesarios para que una de las parejas de compañeros alcance o sobrepase el total de 40 piedras = 8 amarracos, y termina cuando, al verificar el tanteo al final de un juego parcial, se comprueba que una de las parejas de compañeros ha alcanzado o sobrepasado dicho total.

También queda terminado el juego en el momento que un jugador acepta un ORDAGO, sin necesidad de hacer tanteo alguno.

Nota.—Si se hace un envite muy fuerte, aun cuando sea muy superior a las 40 piedras u ocho amarracos de que se compone un juego, y un jugador lo acepta, el juego no se gana ni se pierde todavía y hay que continuar jugando hasta el final de ese juego parcial, ya que solamente cesa el juego en el caso de un ORDAGO aceptado por otro jugador y lo gana el jugador que tenga mejores cartas a la jugada que se dio el ORDAGO.

UNA PARTIDA DE MUS se compone de los juegos que previamente y de común acuerdo hayan determinado los jugadores; normalmente suele ser a tres juegos. Cada juego se compone de los juegos parciales necesarios para que una de las parejas de jugadores alcance o sobrepase las 40 piedras = 8 amarracos.

Cada juego parcial se compone de los lances o jugadas ya explicadas.

VOCABLOS QUE SE EMPLEAN EN ESTE JUEGO.—

Mus.—Cuando un jugador dice: «Mus», indica que quiere ir al descarte de alguna o de todas las cartas de su mano.

Paso.—Significa que no se quiere envidar o que se achica uno hasta ver qué hacen los demás jugadores.

Envido.—Significa que un jugador apuesta solamente dos piedras.

Y yo (envido).—Es la réplica al «envido», apostando otras dos piedras más.

Y yo (reenvido).—Es la réplica a un envite por el doble del mismo.

Quiero.—Indica que se acepta la apuesta ofrecida por otro o por otros jugadores.

No quiero.—Indica que no se acepta la apuesta ofrecida por otro o por otros jugadores.

No queremos.—La negativa en plural obliga al compañero a esta decisión.

Ordago.—Quiere decir que se apuestan todas las piedras o amarracos de una sola vez, con lo cual se gana o se pierde un juego.

Deje o no.—Llámase así a la piedra que se lleva un jugador por la no aceptación de un envite suyo.

Piedra.—Llámase a cualquier cosa que sirva para marcar los tantos; suelen emplearse alubias, garbanzos o piedras pequeñitas.

Amarraco.—Representa el valor de cinco piedras.

Está prohibido decir en el curso del juego otras palabras que las especiales del mus, porque podrían ser señas convenidas entre los compañeros, y para eso están las señas oficiales.

No debe pronunciarse inadvertidamente ninguna palabra relativa al juego, porque obliga a sostenerla aunque cueste el juego.

SEÑAS DE INTELIGENCIA.—No se permite decir ni enseñar al compañero las cartas que se tienen. No obstante, los compañeros podrán entenderse por medio de señas, ya que el interés está en ocultar a sus contrarios la jugada real que se tiene, ayudándose recíprocamente durante el juego.

Las señas más comunmente admitidas son:

Morderse el labio inferior.—Indica que se tienen dos reyes para la jugada a GRANDE. Para indicar que se tienen cuatro reyes, se repite la seña dos veces.

Sacar la punta de la lengua.—Indica que se tienen dos ases para la jugada a CHICA. Para indicar que se tienen cuatro ases, se repite la seña dos veces.

Se tuercen un poco los labios apretados hacia cualquier lado.—Para indicar que se tienen MEDIAS; si a continuación de esta seña se hace la de dos reyes (morderse el labio inferior), quiere decirse que se tienen tres reyes; si se hace la de dos ases (sacar la punta de la lengua), quiere decirse que se tienen tres ases.

Se elevan las cejas.—Para indicar que se tienen DUPLES; si a continuación de esta seña se hace la de dos reyes o la de dos ases, significa que se tienen DUPLES con reyes o con ases, respectivamente.

Se guiña cualquier ojo.—Para indicar que se tiene JUEGO de 31, o para indicar que a JUEGO NO, se tiene el punto máximo, o sea, 30.

TANTEO DE JUEGO Y PUNTUACION.—Como cada pareja de jugadores hace su juego en común, la puntuación es común a ambos, por lo cual suelen llevar los dos el tanteo: uno, las piedras, y el compañero, los amarracos.

Al comenzar a jugar, se coloca un platillo en el centro de la mesa, que contiene las piedras necesarias para jugar una partida.

La cuantía de las apuestas de cada jugada se retendrá en la memoria, para apuntarse al final de cada juego parcial. Los dejes y renuncios se apuntan en el acto.

Al final de cada juego parcial, los jugadores que lleven el tanteo cogerán del centro de la mesa tantas piedras como tantos ganen ellos a sus compañeros, dejándolas ante sí para poder ver en todo momento las que cada uno tiene.

Al realizar la cuenta, debe hacerse en voz alta, para que los contrarios comprueben el tanteo, debiendo expresar cuántas se toman y por qué.

Cuando el jugador que lleva la cuenta de las piedras tiene delante de sí cinco, dice: «Un amarraco», y su compañero toma una piedra y las otras cuatro se echan en el platillo del centro.

Cuando, al final de un juego parcial, una pareja de

compañeros ha alcanzado o sobrepasado las 35 piedras, uno de ellos debe decir: «Adentro», y a continuación se echan todos los amarracos al platillo del centro de la mesa. Esto tiene por objeto advertir a los jugadores contrarios que se está a punto de ganar el juego.

VALOR DE LAS JUGADAS POR EL ORDEN EN QUE HAN DE COBRARSE

El NO o «deje»	vale	1	piedra
La GRANDE en «pase»	»	1	»
La CHICA en «pase»	»	1	»
El PAR	»	1	»
Las MEDIAS	»	2	»
Los DUPLES	»	3	»
Juego si { De 31	»	3	»
Los demás juegos de 32, 40, 37, 36... a 33	»	2	»
Juego NO	»	1	»

Cuando a una pareja de compañeros le falten muy pocas piedras para terminar el juego, hay que tener especial cuidado con los envites u ORDAGO y recordar que lo primero que se cobra es el NO o «deje», y si ambas parejas de compañeros están a punto de terminar, como las piedras que vale cada jugada se van cobrando por el orden indicado, ganará la pareja de jugadores que primero alcance los ocho amarracos o las 40 piedras.

Por ejemplo: Si se pasó a GRANDE, el que la tenga mayor se lleva una piedra, y si estaba a falta de una piedra, se sale y gana el juego, etc.

COBRO DE LAS JUGADAS.—Grande y chica.—Si todos los jugadores pasan, sin que nadie envide, al final del juego parcial el jugador que mejor jugada tenga a GRANDE se llevará una piedra, y el jugador que más tenga a CHICA se llevará otra piedra.

Pero si un jugador envida y nadie acepta su envite, se lleva en el acto una piedra en concepto de «deje» o «no» aceptación de envite, dándose ya con ello por cobrada la jugada.

Pares y juego sí.—Si todos los jugadores pasan sin que nadie envide, al final del juego parcial el jugador que mejor jugada tenga se llevará el valor de la misma, añadiendo las piedras que por estas jugadas le puedan corresponder también a su compañero.

Si un jugador envida y nadie acepta su envite, se lleva en el acto una piedra por «deje», pero, al final del juego parcial, se llevará también el valor de su jugada, más el valor de la de su compañero, aunque sus cartas fueran peores que las de cualquier otro jugador contrario.

JUEGO NO.—Si todos pasan y no hay envite, el que mejor punto tenga se lleva una piedra. Si un jugador envida al punto y nadie acepta su envite, se lleva en el acto una piedra por «deje», pero al final de juego parcial se llevará otra piedra de punto, aún cuando su punto fuese inferior al de otro jugador.

El jugador que renuncia a un envite, no aceptándolo, pierde todo derecho al cobro de la jugada a que corresponda, aun cuando al mostrar las cartas, al final del juego parcial, se viera que era mejor su jugada.

En cualquiera de las jugadas, ganan las cartas del compañero que las tenga mejores, aun cuando el que hubiera envidado o dado el «órdago» fuera su compañero con cartas peores que las del jugador contrario que aceptó.

El jugador que hubiere olvidado llevarse alguna piedra, pierde el derecho a hacerlo en el momento que se corta la baraja para distribuir las cartas del siguiente juego parcial.

MUS INDIVIDUAL (llamado FRANCÉS)

Esta modalidad del Mus se juega siempre individualmente y pueden tomar parte hasta 8 jugadores, si bien la partida ideal son 5 jugadores, empleándose la baraja española de 40 cartas.

El valor de las cartas y el de las jugadas es igual al del Mus corriente, descrito anteriormente, con excepción del «juego sí», en el cual las jugadas llevan el siguiente orden y valor:

1.° 31 Real (formada por 3 sietes y una figura) . . . . 5 tantos
2.° 33 (formada por 1 siete, 1 seis y dos figuras) . . . . 4 »
3.° 31 normal . . . . 3 »
4.° 32 - 40 - 37 - 36 - 35 - 34 . . . . 2 »

El jugador que da las cartas reparte cinco a cada participante, con la obligación de descartarse de una. En esta modalidad de juego nunca hay MUS.

Al principio del juego cada participante cogerá 8 ó 10 piedras o tantos, según se convenga, siendo el objeto del juego el conseguir quedarse sin ninguna. Pierde por tanto el juego aquel jugador que tenga aún piedras en su poder, cuando sus oponentes hayan conseguido desprenderse de las suyas propias, bien metiéndolas en el plato del centro de la mesa por sus jugadas o cargándoselas a los demás por medio de envites u ORDAGOS.

Inicia el juego el jugador «mano» diciendo, por ejemplo, 2 a GRANDE, y si nadie acepta el envido mete una de sus piedras al platillo central, y así en cada una de las distintas jugadas. En caso de que uno o varios

acepten el envido, que deberá hacerse por riguroso
orden de derecha a izquierda, se dejan sobre la mesa
el total de piedras jugadas y se las llevará aquél que
tenga peor jugada al finalizar el juego parcial y descubrir las cartas.

Cuando algún jugador «envida» seguirán hablando
por orden de derecha a izquierda el resto de los participantes aceptando o no el envido. Una vez que haya
hablado el último, pueden aceptar el envido también
aquéllos que hayan dicho «paso» y que estén delante
del jugador que primero ha envidado. A continuación
podrán comenzar los reenvidos, esta vez de izquierda
a derecha y una vez llegue el turno al primer jugador
que tome parte en la jugada, podrá iniciarse una nueva
serie de reenvidos, ahora de derecha a izquierda, y así
sucesivamente, es decir, cada vez en un sentido. Naturalmente los jugadores que en un principio no acep-
taron un envido, no pueden tomar parte en la serie o
series de reenvidos. El jugador que al llegar su turno
no acepte el reenvido, se llevará todas las piedras o
tantos que hasta entonces estén en litigio, y la jugada
sigue su curso entre el resto de los participantes.

Si dos jugadores o más (no siendo todos los com-
ponentes), se juegan el total de las piedras «o el OR-
DAGO» a una jugada, no siendo ésta la última (juego
sí o punto), se enseñarán las cartas entre ellos para
dilucidar a quien le corresponde quedarse con todas las
piedras o tantos, por tener peor jugada, y el que pierda
continuará tomando parte, con los restantes participantes, en las jugadas que puedan quedar en ese juego
parcial.

El jugador que interviene en un ORDAGO y pierde,
se llevará el total de piedras del oponente u oponentes,
aun cuando el número de tantos o piedras en su poder
sea inferior al de sus contrarios. Ahora bien, si el que

envida en primer lugar lo hace por el total de sus piedras, los contrarios podrán aceptar el envido de este número de piedras, pero no reenvidar con un mayor número que puedan tener en su poder.

Al finalizar el juego parcial, cada jugador meterá al platillo tantas piedras como le correspondan por cada jugada que gane, cuyo valor y forma de contar es igual al del Mus corriente, a excepción del «juego sí» arriba indicado.

E S C O B A

PRELIMINARES.—Se juega empleando un naipe español de 40 cartas.

NUMERO DE JUGADORES.—Se juega entre dos, tres, cuatro o seis jugadores, formando en estos dos últimos casos dos campos contrarios de dos y tres jugadores, respectivamente.

MODO DE DISTRIBUIR LAS CARTAS Y SALIDA.—Se extiende la baraja sobre la mesa y cada jugador toma una carta.

El que saque la carta más alta toma el mazo de cartas y, después de bien barajadas, las ofrece a cortar al jugador de su izquierda.

Distribuirá, de una en una, *tres cartas* a cada jugador y colocará a continuación, en el centro de la mesa, cuatro cartas descubiertas; el mazo de cartas restantes quedará a su derecha.

En los juegos siguientes, el turno de dar continúa por orden riguroso de izquierda a derecha.

ORDEN Y VALOR DE LAS CARTAS.—El orden es el siguiente:

As, dos, tres, cuatro, cinco, seis, siete, sota, caballo y rey, y el valor es: 10 para cada rey, nueve cada caballo, ocho cada sota, y el de las demás cartas su valor natural, representado por el índice, asignando uno a cada as.

MARCHA DEL JUEGO.—Comenzará a jugar el mano, colocando, descubierta, en el centro de la mesa, una de las cartas de su mano, procurando ligar esta carta con todas o alguna de las descubiertas del centro de la mesa, al objeto de sumar 15, en cuyo caso tomará dichas cartas y las colocará vueltas hacia abajo a su lado.

Un jugador hace ESCOBA cuando la carta que juega suma 15 con todas las descubiertas del centro de la mesa.

Llámase «baza» a las cartas que suman 15 y que se lleva un jugador.

Si la carta que obligatoriamente tiene que jugar no le combina con ninguna de las descubiertas del centro para sumar 15, deberá dejar dicha carta descubierta junto a las demás, pasando el turno de juego al siguiente.

Continúa el juego por turno riguroso de izquierda a derecha, y cada jugador, al llegarle su turno, deberá jugar obligatoriamente una de las cartas de su mano, colocándola descubierta junto a las del centro de la mesa y procurando que la carta que juega sume 15 con alguna o con todas («escoba») las cartas del centro.

Cuando todos hayan jugado las tres cartas de su mano, el que da hará una nueva distribución de tres cartas a cada jugador. Continúa el juego en esta forma hasta terminar las cartas del mazo.

En la última distribución de tres cartas, el que da tiene obligación de anunciar en voz alta: «Ultimas.»

Un juego parcial termina cuando los jugadores hayan jugado sus tres cartas correspondientes a la última distribución de cartas del mazo.

El jugador que hizo la última baza será quien se lleve todas las cartas que queden descubiertas en el centro de la mesa, las cuales deberán sumar 10, 25, 40 ó 55, como prueba de que no se ha cometido ningún error en el curso del juego. Si hubiere error, se revisarán las bazas de cada jugador para aplicar la penalidad que más adelante se indica.

ADVERTENCIA.—Cuando el jugador que da las cartas, al colocar las cuatro cartas descubiertas en el centro de la mesa viese que suman 15 ó 15 más 15 (en el caso de que cada dos cartas sumen 15), las recogerá para sí, contando una o dos «escobas», respectivamente, no teniendo que sacar del mazo otras cuatro cartas. El jugador mano inicia el juego en la forma ya explicada.

Cuando un jugador hace «escoba», al colocar las cartas que la forman en el montón de sus bazas, dejará una de dichas cartas vuelta hacia arriba, al objeto de poder comprobar al final del juego el número de «escobas» conseguido.

TANTEO DEL JUEGO.—Suele jugarse la partida a 21 o 31 puntos, pudiendo alcanzarse dicha puntuación en uno o más juegos parciales.

Al terminar un juego parcial, cada jugador procederá a examinar las cartas que forman sus bazas, anotándose a su favor:

	Puntos
Por cada «escoba»	1
Por tener todos oros	2
Por tener mayoría de oros	1
Por tener el «guindis» (siete de oros)	1
Por tener los cuatro sietes (incluído el valor del «guindis»)	3
Por tener mayoría de sietes	1
Por tener mayoría de cartas	1
Si el contrario tiene menos de 10 cartas	2

Si el contrario no hizo ninguna baza, pierde toda la partida.

Nota.—El valor asignado a las cartas es solamente con objeto de combinar las cartas para sumar 15.

PENALIDADES.—El jugador que, equivocadamente, retira cartas que no sumen 15, como al final del juego se ve si hay error, se revisan las bazas de cada uno de los jugadores, penándole con cuatro puntos más el valor de las «escobas» conseguidas por todos los jugadores en ese juego parcial.

Si un jugador juega su carta y no advierte que suma 15 con alguna o con todas las cartas del centro, pierde el derecho a dicha baza en el momento que el jugador siguiente juegue su carta. Y éste puede llevarse la baza dejada por el jugador anterior, haciendo, además, su jugada.

CONSEJOS Y NORMAS PARA EL JUEGO.—El objeto primordial de este juego es llevarse el mayor número posible de bazas, procurando siempre que vayamos a hacer baza ligar la carta de nuestra mano con el mayor número posible de cartas de la mesa, tomando con preferencia las del palo de oros, y, muy especialmente, los sietes, ya que, junto con las «escobas», son los que más puntúan al final del juego.

Es una gran ventaja llevar en cuenta las cartas que han salido y las que faltan. Por ejemplo: Si se han jugado todos los caballos, no hay peligro de que el contrario haga «escoba» colocando un seis.

A veces suele presentarse la duda de si conviene más jugar una carta para hacer baza y llevarse un siete o cartas del palo de oros, dejando posibilidad de hacer «escoba» al contrario, o si conviene más dejar otra carta, renunciando a llevarse la baza para que las cartas del centro sumen más de 15 y no haga «escoba» el contrario.

Cuando en la mesa hay un siete, con el que no podemos ligar «escoba», hemos de evitar, siempre que podamos, colocar otro siete o un as.

Cuando en la mesa hay un siete y una figura y no

podemos hacer baza con el siete, hemos de procurar dejar otra figura.

Debemos evitar que queden en la mesa cartas cuyo valor sume ocho, impidiendo así que el contrario pueda hacer baza con un siete que pudiera tener.

Cuando se juega por parejas, es muy conveniente, si poseemos el «guindis», advertírselo a nuestro compañero, para que éste nos facilite, si le fuera posible, una carta con la que podamos ligar el mismo. La seña para indicar que se posee el «guindis» consiste en guiñar el ojo izquierdo, y cuando se tenga cualquiera de los otros tres sietes, se guiñará el ojo derecho.

Al iniciar una jugada, después de haber hecho el contrario «escoba», hay que procurar colocar una carta cuyo valor sea inferior a cinco, siendo la mejor el cuatro, con objeto de que el contrario no haga «escoba» y pueda hacerla el compañero.

Cuando ninguna de las cartas de nuestra mano ligue con las descubiertas de la mesa, y estas últimas sumen menos de 15, conviene desprenderse de una carta que impida a nuestro adversario hacer «escoba» y facilite el juego a nuestro compañero. Por ejemplo: Si las cartas de la mesa suman 10 y tenemos en la mano un tres y un rey, nos convendrá dejar esta última carta, pues si pusiéramos la primera, dábamos a nuestro adversario una oportunidad de hacer «escoba».

Cuando todas las cartas descubiertas de la mesa son pares, así como las de nuestra mano, es totalmente imposible que éstas liguen quince con ninguna de aquéllas.

Jugando por parejas, hay veces que, aun cuando podamos hacer baza, es más conveniente jugar otra carta, que, con las de la mesa, pueda facilitar el juego del compañero.

Nunca debemos vacilar en hacer baza cuando las

cartas que quedan en el centro de la mesa suman más de 15.

Jugando entre dos, cuando, al final del juego, tenemos dos cartas y nuestro contrario una, podemos saber qué carta es ésta por diferencia, teniendo en cuenta que el valor de las cartas que al final del juego quedan sin combinar en la mesa han de sumar siempre 10, 25, 40 ó 55. Por ejemplo: Si hay sobre la mesa un seis y un rey, y las cartas de nuestra mano son un cinco y un rey, sumando todas ellas 31, nuestro adversario tendrá necesariamente un caballo. De esta forma sabemos que no nos conviene ligar el cinco con el rey de la mesa, ya que, si lo hiciéramos, nuestro contrario ligaría su caballo con el seis, haciendo «escoba», y, por tanto, pondremos el rey sobre la mesa, impidiendo así que nuestro adversario haga «escoba» y pudiendo hacer nosotros la última baza.

El que da las cartas nunca debe quedarse con un rey en la mano en la última jugada, puesto que su contrario le haría «escoba» al llevarse la última baza, si queda de residuo el rey, que vale 10, caso que ocurre con mucha frecuencia.

BRISCA

Se juega con baraja de 40 cartas.

NUMERO DE JUGADORES.—Puede jugarse entre dos o más jugadores, pero, corrientemente, se juega entre dos o cuatro. En este último caso se juega por parejas de compañeros.

ORDEN Y VALOR DE LAS CARTAS.—El orden, de mayor a menor, es el siguiente: As, tres, rey, caballo, sota, siete, seis, cinco, cuatro y dos, y su valor, en cualquiera de los cuatro palos:

As	11 tantos.
Tres	10 »
Rey	4 »
Caballo	3 »
Sota	2 »

Las cartas restantes carecen de valor, sirviendo, no obstante, para la formación de las bazas.

SORTEO DE PAREJAS Y DISTRIBUCION DE CARTAS.—Cada jugador toma una carta. Los dos jugadores que tengan las dos cartas mayores juegan contra los que tengan las cartas menores.

Quien sacó la carta más alta será el que ha de darlas, y elige sitio, sentándose frente a él su compañero, y a su derecha, el jugador contrario que sacó la carta mayor.

El jugador que ha de dar las cartas, después de bien barajadas, las ofrece a cortar al de su izquierda, quien, al hacerlo, no podrá tomar ni dejar menos de cuatro cartas. Hecho esto, distribuye *tres cartas* a cada jugador, de una en una, y siguiendo el orden de izquierda a derecha, volviendo la carta siguiente, que es la que señala el palo de triunfo, y que quedará descubierta junto a la baceta, en el centro de la mesa.

El turno de dar, en los juegos siguientes, continúa por orden riguroso de izquierda a derecha.

MARCHA DEL JUEGO.—Inicia el juego el mano, jugando una carta, que dejará descubierta sobre la mesa. Los demás jugadores, al llegarles su turno, pueden jugar una carta cualquiera, sin obligación de asistir al palo ni jugar triunfo.

Gana la baza la mayor carta jugada del palo de triunfo y, en su defecto, la carta más alta del palo de salida.

El jugador que gana la baza recoge las cartas que la forman, dejándolas junto a sí.

Después de jugada una baza, cada jugador, comenzando por el que haya ganado, robará una carta de la baceta.

Inicia la baza siguiente el jugador que ganó la anterior, que jugará una carta cualquiera, continuando los demás por orden riguroso de izquierda a derecha en la forma ya explicada.

El juego termina cuando ya no quedan cartas que robar en la baceta y se han jugado todas las de la mano.

Nota.—Cualquier jugador, después de haber ganado una baza, y antes de robar carta de la baceta, puede recoger la carta que marca el triunfo y sustituirla por el siete del mismo palo; el siete de triunfo o cualquier carta menor que ésta puede sustituirse por el dos de triunfo. No podrá hacerse este cambio después de haber jugado la penúltima baza.

TANTEO.—Previamente, y de común acuerdo, los jugadores determinarán el número de juegos de que ha de constar la partida, depositando la cantidad estipulada en un platillo, que se la llevará el jugador o pareja de compañeros que ganen la partida.

Una vez terminado un juego, cada jugador o pareja de compañeros procederá a sumar el valor de las cartas que forman sus bazas.

Si se juega por parejas, el tanteo es común a ambos jugadores.

Gana un juego el jugador o pareja de jugadores que más tantos alcance.

Puede haber empate en el tanteo (cuando cada jugador o pareja de compañeros hace 60 tantos), en cuyo caso se anula ese juego.

Gana la partida el jugador o pareja de compañeros que antes logre ganar el número de juegos previamente estipulado.

SEÑAS ADMITIDAS.—No se permite decir ni enseñar al compañero las cartas que se tienen. No obstante, los compañeros podrán entenderse por medio de señas, ya que el interés está en ocultar a sus contrarios las cartas que tienen y ayudarse recíprocamente durante el juego.

Las señas más comúnmente admitidas son:

As de triunfo: Alzar los ojos.

Tres de triunfo: Guiñar un ojo.

Rey de triunfo: Extender los labios hacia adelante.

Caballo de triunfo: Torcer los labios hacia la derecha.

Sota de triunfo: Sacar un poco la lengua.

Briscas (ases y treses de palo distinto del de triunfo): Torcer la cabeza hacia un lado.

No teniendo triunfo: Cerrar un momento los ojos.

Para pedir al compañero que juegue carta de tantos que no sea brisca ni triunfo: Se indica soplando un poco.

Para preguntar al compañero qué cartas tiene: Se le mira fijamente.

BRISCA AL REVES Y A CIEGAS

Como genialidad, y para dar más variedad a este juego, puede jugarse invirtiendo las condiciones normales del mismo, es decir, procurando ganar lo menos posible, con objeto de que se proclame ganador el jugador que menos tantos logró acumular.

Por tanto, en la brisca al revés se procurará regalar al adversario el mayor número de briscas y cartas de valor positivo, escatimando, en cambio, aquellas que no han de facilitar posibilidad de ganancia.

En la brisca a ciegas se procederá inconscientemente, echando al azar las cartas que a los jugadores plazca, sin que esté permitido verlas.

Estas modalidades de la brisca, de puro capricho y genialidad, dan lugar, sin embargo, a lances divertidísimos, que constituyen el regocijo de los jugadores.

B U R R O

Esta modalidad se juega con baraja de 40 ó 48 cartas, según el número de jugadores que intervengan.

ORDEN DE LAS CARTAS.—Es el siguiente, de mayor a menor: Rey, caballo, sota, nueve, ocho, siete, seis, cinco, cuatro, tres, dos y as.

DISTRIBUCION DE LAS CARTAS.—Se dan *cuatro cartas* a cada jugador en la forma acostumbrada, dejando las cartas restantes en el centro de la mesa para formar la baceta.

No hay palo de triunfo.

MARCHA DEL JUEGO.—Inicia el juego el mano, jugando una carta, que dejará descubierta sobre la mesa. Los demás jugadores, al llegarles su turno, deberán jugar otra carta, con obligación de asistir y procurando siempre matar, ya que gana la baza la carta de mayor valor numérico.

Cuando un jugador no tiene carta del palo de salida, deberá tomar de la baceta las cartas que fueren necesarias hasta tropezar con una que sea de dicho palo.

Gana la baza la mayor carta jugada del palo de salida.

Inicia la baza siguiente el jugador que ganó la anterior, saliendo de una carta cualquiera y jugando los demás por orden riguroso de izquierda a derecha en la forma explicada, hasta que no quede carta alguna que robar de la baceta.

Por consiguiente, todas las cartas quedarán en manos de los jugadores, cuyo interés, lógicamente, será desprenderse de todas ellas para ganar el juego.

Es muy conveniente llevar la cuenta de las cartas que se van jugando, pues de esta forma, cuando el juego va avanzando, puede saberse, aproximadamente, el juego de los contrarios. Se procurará entonces jugar cartas altas de los palos que los demás no tengan, con objeto de que, al tener que tomarlas de la baceta, las devuelvan después, sin poder ganar la baza.

Es, pues, muy importante conservar la mano, defendiendo el juego hasta el final, librándose de todas las cartas, con lo cual se gana.

Si son varios los jugadores, después que uno de ellos ha salido, es decir, se ha quedado sin cartas en la mano, continúa el juego entre los restantes, hasta que finaliza con la salida de todos menos el último que conserve cartas en la mano, el cual queda «burro».

Este juego, aunque puede jugarse entre compañeros, no se presta a fácil combinación de apoyo, porque la suerte puede darles juegos totalmente contrarios, siendo en tal caso imposible la cooperación entre ellos, ya que el juego de uno de los compañeros no puede sino perjudicar al otro.

BURRO AL REVES

Lo mismo que la brisca, puede jugarse este juego
al revés, procurando ser lo más «ancianoburro» que
se pueda, procediendo a la inversa, es decir, rehuyendo
ganar las bazas, dando las cartas más bajas que se pueda a fin de no ganar nunca y dejar que el contrario
o los contrarios se lleven las bazas. Ahora bien, por
esto mismo el que esté de mano procederá en consecuencia y jugará las cartas menores que obliguen a los
contrarios a ganar la baza.

POKER

El reglamento de este juego lo hemos incluido en nuestro libro titulado *Juegos de naipes extranjeros*, pues, aun cuando está tan extendido en España, su procedencia es extranjera.

Nos hemos inspirado para la redacción de su reglamento en las últimas publicaciones extranjeras que más confianza nos merecen, por el prestigio de sus autores y por la clara exposición de las normas de juego, así como de sus diferentes jugadas. También se incluyen las tablas de probabilidad más interesantes para la práctica de este juego.

REMIGIO o RABINO

Este juego, que en la actualidad goza de una gran difusión por toda España, no es sino una de las muchas variantes del tan popularísimo juego internacional del Rummy. El Rummy también ha sido el precursor de Gin Rummy, Pináculo y Canasta.

DE LAS CARTAS Y NUMERO DE JUGADORES.—Cada baraja será de 52 cartas, más dos comodines, y recomendamos como la más apropiada la clase Poker N.° 20 de nuestra tarifa, por ser de tipo español.

Para una partida de hasta seis jugadores se utilizarán dos barajas, y tres barajas hasta nueve o diez jugadores.

El juego es siempre individual.

ORDEN Y VALOR DE LAS CARTAS.—El orden, de mayor a menor, es el siguiente:

Rey (K), caballo (Q), sota (J), diez, nueve, ocho, siete, seis, cinco, cuatro, tres, dos y as.

Su valor es el representado por el índice, excepto en las figuras [Rey (K), caballo (Q), sota (J)], cuyo valor es de 10 tantos para cada una de ellas. El comodín es una carta que sirve para suplir a cualquier otra en una combinación.

DISTRIBUCION DE LAS CARTAS.—Cada jugador toma

una carta de la baraja, siendo mano el que sacó la carta mayor. El jugador situado a la izquierda del mano dará 10 cartas a cada jugador, de una en una, descubriendo la siguiente carta una vez completado el reparto, la cual quedará sobre la mesa junto al mazo de cartas sobrantes para iniciar los descartes.

Si al terminar la distribución de las cartas, para comenzar el juego, se comprueba que existe error por haber dado alguna carta de más o de menos a algún jugador, se procederá a una nueva y correcta distribución.

OBJETO DEL JUEGO.—Combinar las diez cartas antes que otro jugador, y exponerlas de una sola vez, de acuerdo con las jugadas que se explican seguidamente:

JUGADAS O COMBINACIONES QUE PUEDEN HACERSE.—Cada jugador, con sus cartas, procurará formar series de cartas iguales o escaleras con cartas del mismo palo. Tanto las series de cartas iguales como las escaleras, para que sean válidas, deberán estar formadas, como mínimo, por tres cartas. En las escaleras, el As puede ligar con el Rey (K) y el Caballo (Q), o con el Dos y el Tres; pero hay jugadores que admiten también que pueda ligarse correlativamente el Rey (K) con el As, Dos, Tres, etc. Al comenzar la partida será conveniente decidir la modalidad a seguir.

En el caso de que las diez cartas de un jugador sean del mismo palo, no será necesario que éstas combinen entre sí en series de cartas iguales o en escaleras; esta jugada se denomina *COLOR*.

Si todas las cartas son correlativas y del mismo palo, la jugada es *ESCALERA DE COLOR*.

La mayor jugada es hacer *REMIGIO*; esto es, cuando se consigue que las diez cartas de la mano sean iguales. Ejemplo: 10 ochos, 10 sotas (J), etc.

Todas las jugadas pueden hacerse empleando Comodines.

MARCHA DEL JUEGO.—Inicia el juego el mano, el cual puede optar por formar:

La carta que se dejó descubierta sobre la mesa, o si ésta no le conviene, la carta superior del mazo.

A continuación se descartará de una de las cartas de su mano, que dejará descubierta a su derecha, por si le interesa tomarla al jugador siguiente, terminando con ello su turno de juego, que pasa al jugador que le sigue. Este, asimismo, podrá optar entre coger la carta descartada por el jugador mano, o la carta superior del mazo, descartándose a continuación, y así sucesivamente, cada jugador, al llegarle su turno, optará por tomar el descarte del jugador anterior o la carta superior del mazo, descartándose a su vez, obligatoriamente, de una de sus cartas.

Si en el transcurso del juego algún jugador cometiere error al coger carta inadvertidamente dos veces y descubre que tiene en su mano once cartas, o, por el contrario, se descartase sin haber cogido y tiene solamente nueve, en ninguno de ambos casos podrá «Cerrar» (terminar el juego), limitándose a seguir las incidencias del juego para perder la menor cantidad posible de tantos o no pagar nada si consigue completar su jugada defectuosa. En el caso de quedar agotado el mazo de cartas sin haberse cerrado el juego, se recogerán todos los descartes y barajando todas las cartas se continuará el juego en el orden en que quedó suspendido.

En el curso del juego se deberá procurar, en cada descarte, desprenderse de las cartas de mayor valor que se tengan en la mano con pocas posibilidades de ligar jugada, pues así evitaremos tener que pagar muchos tantos si nos sorprende un «cierre» de juego.

COMO TERMINA UN JUEGO.—El primer jugador

que después de haberse descartado, ha conseguido ligar todas las cartas de su mano, las descubrirá sobre la mesa, diciendo «Cerrado»; pero si termina el juego con jugada deberá cantarla diciendo «Color», «Escalera de color» o «Remigio».

TANTEO DEL JUEGO.—Antes de comenzar la partida, los jugadores determinarán, de común acuerdo, el valor del tanto.

En el momento en que un jugador ha cantado «Cerrado», cada uno de los jugadores restantes mostrará sus cartas y pagará al ganador un número de tantos igual al valor de la carta o cartas que le hayan quedado sin combinar.

Así, por ejemplo, si un jugador se ha quedado con las siguientes cartas: Cuatro, cuatro y cuatro; ocho, nueve, diez, sota (J) y caballo (Q) de oros; cinco y as, pagará seis tantos, que es el valor de estas dos últimas cartas que le quedan sin combinar.

Hay premios por «cerrar» sin Comodín o con jugada Especial:

Cada jugador pagará al que «cerró», el valor de sus cartas sin combinar, multiplicando:

```
por  2 si «cerró» . . . . . . .   sin Comodín
  »  3 »      »    . . . . . . .   con COLOR y Comodín
  »  4 »      »    . . . . . . .     »      »    sin Comodín
  »  5 »      »    . . . . . . .   con ESCALERA y Comodín
  »  6 »      »    . . . . . . .     »      »      sin Comodín
  » 10 »      »    . . . . . . .   con REMIGIO
```

CHINCHON

Otra de las numerosas variantes del famoso juego del Rummy, muy popular en España actualmente.

DE LAS CARTAS Y NUMERO DE JUGADORES. — Se emplea baraja de tipo español de 40 ó 48 cartas, y recomendamos como las más apropiadas las clases: 1 y 27 de nuestra tarifa, que se fabrican en las dos modalidades.

Pueden jugar dos, tres o cuatro jugadores empleando una sola baraja; cinco, seis, siete u ocho jugadores empleando dos barajas. El juego es siempre individual.

ORDEN Y VALOR DE LAS CARTAS. — El orden, de mayor a menor, es el siguiente: Rey, Caballo, Sota, nueve, ocho, siete, seis, etc., hasta el As que es la menor.

El valor de cada carta es el representado por su índice cuando se emplea baraja de 48 cartas. Cuando se juega con baraja de 40 cartas cambia el valor de las figuras: Sota 8, Caballo 9, y Rey 10.

DISTRIBUCION DE CARTAS. — Cada jugador toma una carta de la baraja, siendo mano el que sacó la carta mayor. El jugador situado a la izquierda del mano, dará siete cartas a cada jugador, de una en una, descubriendo la siguiente carta una vez completado el reparto, la cual quedará en la mesa junto al mazo para iniciar el montón de descartes.

OBJETO DEL JUEGO.—Combinar las cartas de la mano antes que los demás jugadores para exponerlas de una sola vez, con arreglo a las jugadas que se explican seguidamente.

JUGADAS O COMBINACIONES QUE PUEDEN HACERSE.—Cada jugador, con las cartas de su mano, procurará formar series de cartas iguales o escaleras de color, con cartas del mismo palo.

Tanto las series de cartas iguales como las escaleras, para que sean válidas, deberán estar formadas como mínimo por tres cartas. En las escaleras, el As solamente puede ligar con el dos, tres, etc., y el Rey con el Caballo, Sota, etc.

CHINCHON es la jugada máxima, y consiste en ligar las siete cartas de la mano.

MARCHA DEL JUEGO.—La marcha del juego es exactamente igual a la del «Remigio o Rabino», descrito anteriormente.

COMO TERMINA UN JUEGO.—Un jugador puede abatir cuando le queden en su mano cartas sin combinar por un valor total no superior a 5 puntos, en una o más cartas. Al abatir expone todas sus cartas combinadas sobre la mesa, conservando aún en la mano las no combinadas.

Los demás jugadores, por turno riguroso de izquierda a derecha, pueden colocar sobre las combinaciones expuestas por el que abatió, las cartas que tengan sin combinar, bien en los tríos o en las escaleras en orden correlativo ascendente o descendente. Cuando se juega con dos barajas, las escaleras se irán completando por riguroso turno de jugadores de izquierda a derecha y no podrán ser formadas más que por una sola carta de cada valor correlativo.

A continuación, expone sus combinaciones el siguiente jugador, añadiendo los demás, en la forma antes señalada, las cartas que tengan sin ligar.

El juego continúa mientras haya un jugador que pueda exponer alguna de las cartas que le quedaron sin combinar, sobre cualquier combinación de las expuestas por los demás jugadores.

El jugador que abate exponiendo todas sus cartas combinadas de una sola vez, *CHINCHON*, tiene un premio de 10 puntos, y además la ventaja de que ningún otro jugador podrá exponer cartas sobre sus combinaciones expuestas.

TANTEO DEL JUEGO.—La partida de Chinchón se juega a 70 ó a 100 puntos. Previamente cada jugador pone en el plato la cantidad estipulada. En cada juego va anotando cada jugador en su cuenta, tantos puntos como sumen las cartas que le quedaron sin combinar, es decir, se van eliminando los jugadores que sobrepasen la puntuación convenida de la partida. Gana la partida el último jugador que en su tanteo ha quedado sin llegar al total de la partida.

El jugador que hace Chinchón gana la partida sea cual fuere su tanteo.

El jugador que abate exponiendo todas sus cartas combinadas, descuenta los 10 puntos de premio de su cuenta de tanteo.

REENGANCHE.—Los jugadores que van quedando eliminados de la partida, tienen derecho a uno o más reenganches, debiendo hacerlo con la puntuación del jugador que la tuviese más alta en ese momento, y poniendo en el plato nuevamente la cantidad estipulada que cada jugador puso al comienzo de la partida.

RUMMY

Vamos a exponer brevemente el reglamento original de este juego, mencionando sus diferencias con el «Remigio» o «Rabino».

Los jugadores pueden ir exponiendo sus combinaciones sobre la mesa en el transcurso del juego. La jugada de «Color» no es admitida.

En las escaleras, los ases ligan solamente con los doses, pero no con los reyes. No se admite el empleo de comodines.

Después de expuesta una combinación en la mesa por un jugador, éste puede, en su turno de juego, añadir una carta de su mano a la misma, siempre que ligue con ella. Así, por ejemplo, si un jugador ha expuesto tres doses, puede añadir el cuarto dos.

Gana el juego el que primero se desprende de todas sus cartas, exponiéndolas en combinaciones sobre la mesa, siendo indiferente el que termine con descarte o sin él.

El que gana el juego cobrará de cada uno de los restantes jugadores el valor de las cartas que les queden en la mano sin exponer, tanto si están combinadas como sin combinar, con arreglo a la tabla de valores expuesta en el reglamento del «Remigio».

CIRULO

Se juega con baraja de 52 o de 48 cartas.

NUMERO DE JUGADORES.—Pueden tomar parte cuatro, cinco o seis jugadores.

ORDEN Y VALOR DE LAS CARTAS.—El orden de las cartas, de mayor a menor, en todos los palos, coincide con el orden correlativo descendente de las mismas, comenzando por el rey y terminando con el as.

No hay palo de triunfo.

El palo de oros (y el de «carró» si se juega con baraja francesa) recibe el nombre de «cirulo».

En el palo «cirulo», el valor de las cartas es de 10 tantos para cada figura y cada diez, y en las demás cartas, su valor natural, representado por el índice. Las cartas de lo demás palos carecen de valor para el tanteo final.

OBJETO DEL JUEGO.—Es un juego de bazas, y se deberá procurar no ganar bazas «enciruladas», por contar éstas, en el tanteo final, como puntuación negativa.

Se dice que una baza está «encirulada» cuando contiene alguna carta del palo «cirulo».

DISTRIBUCION DE CARTAS.—Cada jugador toma una carta de la baraja. El que sacó la carta mayor es el que ha de darlas, distribuyendo entre los jugadores, de una en una, todas las cartas de la baraja.

Cuando el número de cartas no fuera divisible entre los jugadores, se descartará, quitando el menor número posible de cartas bajas que no sean del palo de oros.

El turno de dar, en los juegos sucesivos, pasa al jugador siguiente de la derecha.

MARCHA DEL JUEGO.—Una vez distribuidas las cartas, inicia el juego el mano, jugando una carta sobre la mesa. Cada uno de los demás jugadores, al llegarle su turno, deberá jugar otra carta, con obligación de servir al palo. Si no se puede asistir, se juega otra carta cualquiera.

Gana la baza la carta mayor del palo de salida.

Inicia la baza siguiente el jugador que ganó la anterior.

Termina un juego cuando se hayan jugado todas las cartas de la mano.

Las bazas sin «encirular» no tienen valor alguno, por lo que se dejarán vueltas en el centro de la mesa.

Las bazas «enciruladas» se dejarán, vueltas, frente al jugador que las haya ganado.

Sólo podrán verse las cartas de la última baza.

TANTEO DEL JUEGO.—Al final de cada juego, aquellos jugadores que tengan bazas «enciruladas» depositarán en el platillo un número de tantos igual al valor que sumen los «cirulos» que contengan sus bazas. (El valor asignado a cada tanto se habrá determinado previamente.)

El platillo se repartirá, en partes iguales, entre los jugadores que no tengan bazas «enciruladas».

Cuando todos los jugadores tuvieren bazas «enciruladas», el valor de los «cirulos» quedará en el platillo y será repartido entre los jugadores que ganen el siguiente juego, juntamente con los tantos que correspondan al mismo.

Naturalmente, cada jugador ha de procurar no llevarse ninguna baza que contenga «cirulos», ya que, según lo explicado, se valoran con puntuación negativa, tratando, en cambio, de «encirular», siempre que se pueda, a los contrarios.

P U M B A

Se juega con baraja española de 40 cartas. Pueden entrar en el juego de dos a seis jugadores.

COMODINES.—Se considerarán Comodines los 4 doses y las 4 sotas.

MARCHA DEL JUEGO.—El que da, reparte 5 cartas al jugador mano y 4 cartas a los restantes. El mano sale de una carta que pone descubierta sobre la mesa. El siguiente jugador deberá seguir al palo o poner carta de otro palo siempre que sea de igual número, en cuyo caso cambia el palo al de la nueva carta. Si no tiene carta que poner, deberá robar del mazo una carta y si ésta no liga, deberá tomar otra segunda carta. Si tampoco liga debe pasar el turno a otro jugador. Las cartas que se van jugando deberán superponerse bien, al objeto de que, únicamente, sea visible la última carta jugada. Como los DOSES y SOTAS son Comodines, pueden emplearse en cualquier momento aunque no fueran del palo marcado, como se dice a continuación.

LOS DOSES.—Un jugador al tocarle su turno podrá exponer un DOS, si lo tiene y le conviene, obligando automáticamente al jugador siguiente a tomar dos cartas del mazo y pasar sin hacer juego. El palo pasa a ser el del 2 jugado.

LAS SOTAS.—También se puede poner en igual forma una SOTA con la ventaja de cambiar el palo a su conveniencia, es decir, que si pone una sota de oros, puede imponer el palo en oros, copas, espadas o bastos.

PUMBA.—Hay obligación de avisar cuando un jugador vaya a quedarse con sólo una carta en la mano,
diciendo en voz alta «PUMBA» antes de poner su penúltima carta. Si olvida decir «Pumba» y algún jugador lo
advierte, queda sancionado teniendo que tomar dos
cartas del mazo.

PREMIO POR HACER «PUMBA».—El que gana un
juego parcial descuenta 5 puntos de su puntuación
general.

FIN DEL JUEGO Y VALOR DE LOS PUNTOS.—El
juego finaliza cuando un jugador pone su última carta.
En este momento los demás jugadores descubren las cartas y se cuenta el valor de las mismas. Cada jugador contará tantos puntos como sume la valoración de sus cartas.
Ej.: As = un punto, tres = 3 puntos, cuatro = 4 puntos,
etcétera, excepto los Comodines-Doses y Sotas que
valen 10 puntos, el Caballo 9 puntos y el Rey 10 puntos.

Cada jugador anota la suma de sus puntos de forma
que al sumar 100 o sobrepasar esta cifra queda eliminado, continuando la partida los otros jugadores,
hasta quedar un solo jugador que no alcance los 100
puntos, el cual gana la partida.

Estos 100 puntos de base pueden alterarse, de acuerdo, antes de comenzar la partida.

REGLAMENTOS
DE JUEGOS ESPECIALES
PARA NIÑOS

La familiaridad con los juegos de naipes puede ser un beneficio importante, en cuanto a la educación y psicología del niño se refiere. Los pedagogos reconocen la importancia de enlazar a padres e hijos en condiciones de igualdad y unión en un campo de interés común, es ahí, por excelencia, donde los juegos de naipes se convierten en el mejor recreo para el hogar. Al mismo tiempo, constituyen un medio inicial para enseñar a un niño que en todo juego hay reglas que obedecer, lo mismo que ocurre con las reglas de la vida.

El célebre escritor Somerset Maugham ha dicho que se debería enseñar a jugar a los naipes en los colegios, para así agudizar el talento de los niños. A éstos, por naturaleza, les atraen los colores brillantes y los bonitos dibujos de los naipes. El interés por el juego de naipes estimula en el inicio el conocimiento de los números, letras, figuras y, más tarde, ayuda a enseñarles a contar. Los niños que han aprendido a divertirse con juegos de naipes llegan a hacerse más capacitados. Años más tarde, por consiguiente, esta misma familiaridad con estos juegos llegará a ser para ellos un gran beneficio social.

Para la práctica de estos juegos se emplea baraja española de 40 ó 48 cartas, siendo las más recomendables el n.º 121, 21 ó 27 de nuestra Tarifa.

LAS PAREJAS

NUMERO DE JUGADORES.—Pueden tomar parte varios jugadores.

SALIDA Y MARCHA DEL JUEGO.—Cada jugador toma una carta de la baraja, siendo mano el que sacó la carta más alta.

Se colocan todas las cartas esparcidas y vueltas hacia abajo sobre la mesa.

Inicia el juego el mano, quien descubre dos cartas sin que las vean los demás jugadores; si dichas cartas son iguales (dos seises, dos sotas, etc.) se queda con ellas, y, en caso contrario, las vuelve a dejar en el mismo lugar en que estaban, vueltas hacia abajo. Continúa el jugador de la derecha, quien, a su vez, descubre dos cartas, quedándose con ellas si formasen pareja o dejándolas como estaba en caso contrario, continuando el juego por orden de izquierda a derecha, en la forma explicada, hasta que solamente queden cuatro cartas sobre la mesa, y revolviéndolas antes de coger, por quedar solamente dos parejas.

Gana el jugador que tenga más parejas.

Este juego, además de ser muy distraído, es de gran utilidad, pues ejercita la memoria, ya que es preciso recordar las cartas descubiertas anteriormente para acertar a levantar cartas que emparejen.

EL MUERTO

Se juega con una o más barajas españolas de 40 cartas, según el número de jugadores que tomen parte.

Cada jugador tendrá ante sí tres fichas o tantos.

NUMERO DE JUGADORES.—Admite un gran número de jugadores.

DISTRIBUCION DE CARTAS.—Cada jugador toma una carta de la baraja. El que sacó la carta más alta es el que las irá dando, descubiertas, de una en una, y a medida que se juega, por orden riguroso de izquierda a derecha.

MARCHA DEL JUEGO.—Según se van dando las cartas, si un jugador recibe una sota, entrega una de sus fichas al jugador de su izquierda.

Si recibe un caballo, entrega una de sus fichas al de su derecha.

Si recibe un rey, dejará una de sus fichas en un platillo que habrá en la mesa.

Cuando, como resultado de estas combinaciones, un jugador se quede sin ninguna de sus tres fichas, se le considera «muerto» y no se le da carta, pero, por las jugadas sucesivas de sus compañeros, puede recibir dicho jugador nuevas fichas o tantos, en cuyo caso vuelve a entrar en el juego.

Continúa el juego en esta forma hasta que, por haber pasado casi todas las fichas al platillo, han quedado eliminados todos los jugadores menos uno, que es quien gana el juego, llevándose, por ello, el importe del platillo.

LA MONA

Puede jugarse empleando baraja de 40 o de 48 cartas.

NUMERO DE JUGADORES.—Puede tomar parte cualquier número de jugadores.

DISTRIBUCION DE CARTAS.—Después de haber separado de la baraja una sota que no sea la de oros, se distribuyen todas las cartas entre los jugadores, de una en una.

MARCHA DEL JUEGO.—Una vez distribuídas las cartas, cada jugador se desprenderá de todas las parejas que tenga en su mano (por ejemplo, dos sietes, dos reyes, etc.), conservando en su mano las cartas que no emparejen.

Después de haberse descartado todos los jugadores, el mano ofrece sus cartas cubiertas al jugador de su derecha para que éste coja una de ellas. Si la carta que toma empareja con cualquiera de las de su mano, echará la pareja sobre la mesa, ofreciendo sus cartas al jugador siguiente. Cuando la carta que toma no empareja con las de su mano, se quedará con ella.

Continúa el juego en esta forma, cediendo cada jugador una de sus cartas, al llegarle su turno, al de su derecha, y aquél que logre emparejar antes todas sus cartas será el ganador.

LA MONA.—Es la sota de oros, y no podrá emparejarse con ninguna otra sota, pues se considera pareja de la sota que se separó al comenzar el juego. Por ello, cuando un jugador la tiene, procurará por todos los medios que se la lleve el siguiente, pues, una vez se hayan desprendido de sus cartas los jugadores, aquel que se quede con la MONA es el que ha perdido, y ha de someterse al castigo que hayan determinado los jugadores.

Es también costumbre separar una carta cualquiera de la baraja, sin que la vea ningún jugador, dejándola oculta. De esta forma, nadie sabe quién tiene la MONA durante el curso del juego, y el jugador que se quede con una sola carta será quien pierda, pues su carta es la MONA por emparejar con la carta que se ocultó.

El castigo clásico es el de ir sacando todas las cartas de la baraja mientras el que quedó con la MONA mantiene su mano extendida sobre la mesa al objeto de que los otros jugadores le den una palmada a cada sonido fonético del refrán de la carta que salga. Para ello se barajan todas las cartas y un jugador cualquiera las va descubriendo, de una en una. En el momento en que se descubre la MONA cesa el castigo y se da por terminado ese juego.

El refrán de cada carta es:

Para los ases: «As, guirigás, en tu vida juegues más, que esta vez que te has puesto te vamos a hacer sangrar.»

Para los doses: «Dos, téntala por Dios, téntala por Dios», etc. (hasta que el jugador que perdió toque dicha carta).

Para los treses: «Tres, Chimitroque Matroque mató a su mujer, tripas de perro le dio «pa» comer, una, dos y tres.»

Para los cuatros: «Cuatro, sopapo.»

Para los cincos: «Cinco, pellizco.»

Para los seises: «Seis, aliséis» (acariciándole la mano).

Para los sietes: «Siete, cachete.»

Para las sotas: «Sota, sotana, color de manzana, si te pica la nuez, con ésta van diez, una, dos y tres.»

Para los caballos: «Caballo, caballero, con capa y sombrero, cuenta las estrellas que hay en el cielo.»

Para los reyes: «Rey, reinando, por las montañas, tirando cohetes con una caña.»

EL GATO

NUMERO DE JUGADORES.—Pueden tomar parte en este juego dos o más jugadores.

DISTRIBUCION DE CARTAS.—Se distribuyen entre los jugadores, de una en una, todas las cartas de la baraja.

MARCHA DEL JUEGO.—Una vez distribuidas las cartas, cada jugador las recogerá y conservará cubiertas en la mano sin alterar su orden.

Inicia el juego un jugador cualquiera, descubriendo la primera de las cartas de su mano y dejándola sobre la mesa. Seguidamente, cada jugador, al llegarle su turno, descubre la primera carta de su mano, ganando la baza el jugador cuya carta tuviera la numeración más alta, el cual recogerá las cartas de la mesa en cualquier orden y las pondrá debajo de las que tiene en su mano, no pudiendo alterar su orden una vez recogidas.

Continúa el juego en la misma forma y cada jugador, al llegarle su turno, se desprenderá de una carta, que dejará sobre la mesa, ganando siempre la carta cuyo índice sea más alto, sin tener en cuenta el palo.

Se llama GATO al cinco de oros, y gana a cualquier carta excepto a otro cinco, en cuyo caso se consideran de igual valor. Cuando esto ocurre, así como cuando se descubren dos cartas de igual valor (cualesquiera que éstas sean), se dice que hay GUERRA, quedando las cartas sobre la mesa y determinando quién gana la carta siguiente que cada jugador descubra de su mano.

Si juegan más de dos, tan sólo habrá «guerra» cuando de las cartas descubiertas sean iguales las de mayor numeración. Por ejemplo, si hay sobre la mesa dos cuatros y un siete, gana esta carta y no habrá «guerra»; pero si hubiera un cuatro y dos sietes, quedarán en «guerra» estos dos sietes, llevándose todas las cartas de la mesa el que gane la siguiente baza.

Cuando queda un jugador con una sola carta en la mano y al jugarla resulta «guerra», el contrario deberá darle oculta la primera carta de las que tiene en su mano, ganando a continuación dicha baza el que descubra carta mayor.

Los jugadores que van quedándose sin cartas están libres; sigue el juego entre los demás hasta que uno de ellos se queda con todas las cartas en su mano, y éste es quien pierde el juego y paga prenda.

EL PERRO

Puede emplearse una baraja de 40 ó 48 cartas.

NUMERO DE JUGADORES.—Pueden tomar parte dos, tres y hasta cuatro jugadores.

DISTRIBUCION DE CARTAS.—Se distribuyen todas las cartas de la baraja, de una en una, entre los jugadores, siendo indiferente que alguno de éstos reciba una carta más que los restantes jugadores.

MARCHA DEL JUEGO.—Una vez distribuídas las cartas, cada jugador las recogerá en un montón, cubiertas, por el orden en que se las han dado.

Seguidamente comienza un jugador cualquiera descubriendo la carta superior de su montón y dejándola en la mesa, al mismo tiempo que, en alta voz, canta «As». Pasa el turno al jugador siguiente. Este, a su vez, descubrirá la primera carta de su montón, que dejará sobre la que descubrió el primer jugador, diciendo al mismo tiempo «Dos», y así sucesivamente cada jugador, al llegarle su turno, descubrirá una carta, que dejará sobre el montón que se vaya formando en la mesa cantando correlativamente el número o carta siguiente al cantado por el jugador anterior.

Cuando la carta cantada por un jugador coincide con la que descubre, el siguiente jugador de su derecha deberá advertírselo, y aquél deberá recoger el montón que haya sobre la mesa e incorporarlo al que tiene en la mano. Continúa el juego en la misma forma, comenzando ahora el que se llevó las cartas de la mesa, hasta que se produzca una nueva coincidencia entre la carta que se descubre y la que se canta.

Cuando el jugador siguiente al que produce la coincidencia no lo advierte a tiempo y juega su carta sobre la mesa, cántela o no, los demás jugadores le harán notar su distracción, imponiéndole como castigo el tener que llevarse todas las cartas de la mesa.

Cuando, jugando en esta forma, solamente queda con cartas en la mano un jugador, éste tiene una última oportunidad de salvarse: si, al descubrir sus cartas de una en una, ninguna de ellas coincide con la que canta, no pierde el juego.

Para que este juego resulte divertido y accidentado, se deben jugar y cantar las cartas lo más rápidamente posible, poniendo con ello a prueba la perspicacia de los jugadores, que deberán advertir instantáneamente cuándo se ha producido una coincidencia entre el número cantado y la carta jugada.

Si los jugadores, al cantar con rapidez la numeración en el juego, ahuecan la voz, justificarán el título del juego, porque la continuación ininterrumpida de las voces de los jugadores dará la sensación de un diálogo perruno.

MIENTES

NUMERO DE JUGADORES.—Es propio para varios jugadores.

DISTRIBUCION DE CARTAS.—Cada jugador toma una carta de la baraja, siendo mano el que sacó la carta más alta.

El jugador situado a la izquierda del mano distribuirá entre todos los jugadores, de una en una, todas las cartas de la baraja, siguiendo el orden de izquierda a derecha.

MARCHA DEL JUEGO.—Inicia el juego el mano, dejando una de las cartas de su mano vuelta hacia abajo sobre la mesa, diciendo en voz alta el palo de la misma. Por ejemplo: «Bastos».

Los demás jugadores, al llegarles su turno, jugarán una carta, que dejarán cubierta sobre la carta del jugador anterior, cantando a su vez el mismo palo que el mano, que, en este caso, es bastos.

En cualquier momento un jugador puede decir al que echa una carta «Mientes». Entonces se descubre la carta jugada, y si su palo no corresponde al que se está jugando (bastos), el que la echó deberá recoger todas las cartas que hay sobre la mesa y quedarse con ellas. Corresponde a este jugador el turno de salir,

cantando el palo que quiera y siguiendo los demás jugadores en la forma explicada.

Si, por el contrario, el palo de la carta corresponde
al palo que se juega, el que dijo «Miente» deberá quedarse con todas las cartas, saliendo de una cualquiera,
según se ha explicado.

Aquel jugador que consiga desprenderse de todas
sus cartas queda libre, perdiendo el jugador que quede
el último con cartas en la mano.

MUCHAS GRACIAS

Se juega con baraja española de 40 ó 48 cartas.

NUMERO DE JUGADORES.—Es propio para tres, cuatro, cinco o seis jugadores, siendo imposible jugarlo entre dos.

DISTRIBUCION DE CARTAS.—Se distribuyen entre los jugadores, de una en una, todas las cartas de la baraja, siguiendo el orden de izquierda a derecha.

OBJETO DEL JUEGO.—Formar grupos de cuatro cartas iguales (cuatro sotas, cuatro doses, etc.), mediante una petición al jugador que se desee.

MARCHA DEL JUEGO.—Una vez distribuídas las cartas, cada cual las recogerá, ordenándolas por sus respectivos números índices. Cuando un jugador tuviere en su mano cuatro cartas iguales, las dejará ante sí sobre la mesa.

Si tan sólo tuviera dos o tres cartas iguales, deberá dedicar todo su interés a conseguir las restantes para completar la serie.

Comienza el juego el mano, dirigiéndose al jugador que elija arbitrariamente, rogándole le entregue la carta que precise. Si el jugador interpelado posee la carta solicitada, deberá entregarla, y aquél continuará pidiendo cartas a él o a los demás jugadores, hasta que uno

de ellos niegue poseer la carta que se pide, con lo
cual cesa el turno de juego del mano, que pasa al jugador que negó la carta. Este, a su vez, se dirige con el
mismo derecho a los demás jugadores que crea pueden
tener las cartas que necesite, hasta que uno de éstos
le niegue la carta pedida.

Es preciso tener en cuenta que el jugador que recibe
de manos de otro la carta solicitada, al correr dicha
carta deberá decir «Muchas gracias», amabilidad que
puede prolongar hasta el superlativo si así lo desea.
Cuando un jugador olvidase el «Muchas gracias» pierde su derecho de petición, que pasa al jugador que
advierte la falta de cortesía, y que suele ser, por regla
general, el interpelado.

Termina el juego cuando todos los jugadores han
logrado combinar sus cartas en grupos de cuatro cartas
iguales.

Gana el juego aquel que haya logrado reunir la
mayor cantidad de series o grupos de cuatro cartas.

Para que este juego resulte divertido y accidentado
han de jugar, por lo menos, cuatro personas, porque
entre tres, si falla una petición a un jugador, lógicamente se deduce que la carta fallida la posee el tercero, en
tanto que, entre cuatro, son tres veces las que hay que
aventurar la petición antes de lograr averiguar la si-
tuación de la carta deseada.

Como puede apreciarse, este juego, además de ser
muy entretenido, es constante estímulo a la cortesía,
no pudiéndose prescindir de repetir «Muchas o muchí-
simas gracias» cada vez que un lance del juego tiene
satisfactoria compensación.

LOS SEISES

Puede jugarse con baraja de 40 o de 48 cartas.

NUMERO DE JUGADORES.—Como al dar las cartas se distribuirán todas entre los jugadores, es preciso que el número de cartas que se emplee sea divisible entre el número de aquéllos. Para que el juego sea entretenido, es recomendable no jugar menos de cuatro ni más de ocho personas.

OBJETO DEL JUEGO.—Ser el primero en desprenderse de todas las cartas de la mano.

MARCHA DEL JUEGO.—En el primer juego es indiferente quién ha de dar las cartas, puesto que será «mano» el jugador que tuviere el seis de oros, estando obligado a salir de dicha carta, que colocará descubierta sobre la mesa. El jugador siguiente deberá colocar el siete o el cinco de oros, formando hilera vertical con el seis que hay sobre la mesa. Si no tuviera ninguna de estas cartas, podrá poner, junto al seis de oros, otro seis de un palo cualquiera, pasando el turno al siguiente jugador de su derecha. Por tanto, un jugador, al llegarle su turno, podrá optar por colocar cualquier carta que ligue en orden correlativo del mismo palo con las descubiertas que haya sobre la mesa, o descubrir otro seis que tuviere en su mano.

En esta forma, cada jugador procurará ir desprendiéndose de todas sus cartas, para quedarse el primero sin ninguna y ganar con ello el juego.

Cuando un jugador, al llegarle su turno, no pudiera desprenderse de ninguna de sus cartas, por no ligar con las de la mesa y no tener tampoco ningún seis, pondrá en el platillo el tanto que hubieren convenido antes de comenzar el juego.

El primer jugador que logra desprenderse de todas sus cartas gana el juego y se lleva el plato.

Para el juego siguiente será mano el situado a la derecha del que fue mano en el primero y saldrá de un seis cualquiera. Si este jugador no tuviera ningún seis, deberá poner en el plato el tanto convenido, pasando el turno al siguiente jugador.

En juegos sucesivos, la mano sigue el turno riguroso de izquierda a derecha.

Es costumbre en algunas partidas que el ganador, además de llevarse todos los tantos del plato, cobre también de los demás jugadores un tanto por cada carta que les quedara en la mano. En este caso suele estipularse que el valor del tanto sea menor.

LAS SOTAS

NUMERO DE JUGADORES.—Puede jugarse con baraja de 40 ó 48 cartas; pero como cada jugador ha de recibir igual número de cartas, a veces es necesario descartar la baraja para que sea divisible entre el número de jugadores que toman parte. Así, por ejemplo, si juegan tres, se empleará la baraja de 48 cartas, o de 40 descartando una cualquiera.

Si juegan cuatro o cinco, se empleará baraja de 40 cartas.

Si juegan seis, se empleará baraja de 48 cartas, o de 40 cartas, descartando en este caso cuatro cartas iguales.

VALOR DE LAS CARTAS.—Es su valor natural representado por el índice de cada carta, siendo, por tanto, el rey la carta mayor y el as la menor.

DISTRIBUCION DE CARTAS.—Cada jugador toma una carta de la baraja, siendo «mano» el que sacó la carta mayor.

El jugador anterior al «mano» distribuye entre los jugadores, de una en una, todas las cartas de la baraja.

En este juego no hay palo de triunfo.

MARCHA DEL JUEGO.—Inicia el juego el mano, poniendo una de sus cartas sobre la mesa, y pasa el turno de juego al siguiente, el cual, a su vez, juega una carta, con obligación de asistir, si puede, pero no de matar. Si no tuviera carta del palo de salida, jugará otra cualquiera, pasando el turno al siguiente jugador de la derecha, prosiguiendo el juego en la misma forma.

Gana la baza la mayor carta jugada del palo de salida.

Termina un juego en el momento en que los jugadores se han quedado sin cartas en la mano.

Al terminar un juego, cada jugador procede a examinar las bazas ganadas, y por cada sota que tenga entre ellas pondrá en el platillo un tanto o ficha.

Ganan los tantos del plato el jugador o jugadores que no tenga ninguna sota entre las cartas de sus bazas, repartiéndose lo que hubiere.

Cuando todos los jugadores tuvieran alguna sota, los tantos del plato pasarán al juego siguiente.

En este juego se debe procurar, por tanto, no recoger en baza ninguna sota, y, en cambio, si se tiene alguna entre las cartas de la mano, hay que procurar que la gane cualquiera de los restantes jugadores.

Por ser ésta la finalidad del juego es por lo que se llama el juego de las sotas.

EL CIRCO

NUMERO DE JUGADORES. — De dos a seis.

DISTRIBUCION DE CARTAS. — Después de bien barajadas, se reparten 5 a cada jugador, de una en una, sin que se vean las caras.

Si sólo juegan dos, se distribuyen 7 cartas a cada jugador.

Las cartas restantes se colocan vueltas hacia abajo, formando el Mazo para robar y la carta superior de éste se descubre dejándola junto al mismo. Si esta carta fuera un *seis*, se meterá en el Mazo al azar y se descubrirá otra.

OBJETO DEL JUEGO. — Desprenderse lo antes posible de las cartas que se tienen en la mano, jugándolas de una en una.

MARCHA DEL JUEGO. — Iniciará el juego el jugador «mano» colocando, sobre la carta que quedó descubierta junto al Mazo, una de sus cartas que haga pareja con ella ya sea en número o en palo.

Si no tuviera carta para emparejar, robará del Mazo de una en una hasta que consiga la carta adecuada.

Los «seises» son considerados como comodines, es decir, pueden emplearse en cualquier momento; si un jugador al llegar su turno de juego no dispone en su mano de carta para emparejar, en número o palo, con la superior de la pila de descartes y tuviera un «seis», lo descartará indicando el palo de juego al que quiere cambiar.

Por ejemplo: Una carta del palo de «Copas» puede jugarse sobre otra del mismo palo. Un 7 sobre otro 7, una Sota sobre otra Sota, etc. Si se dispone de un «seis» se jugará, por ser «carta-comodín» indicando el palo al que se desea continuar el juego.

Cuando el Mazo de cartas se haya agotado, continúa el juego siempre que algún jugador disponga de carta adecuada.

El juego termina cuando todos los jugadores «pasan».

QUIEN GANA.—Un juego parcial termina: cuando un jugador consigue quedarse sin cartas en la mano o cuando al haberse agotado las cartas del Mazo «pasan» todos los jugadores.

Cada jugador sumará los puntos de las cartas que le queden en la mano según su valor facial, excepto los «seises» que valen 25 puntos. La partida continuará hasta que, en uno de los juegos parciales, un jugador llegue a 100 puntos. En ese momento, gana el jugador que tenga menor puntuación y obtendrá tantos puntos de cada uno de los demás jugadores, como diferencia haya entre sus puntuaciones respectivas.

LOS CUATRO PALOS

Juego variado y apasionante adecuado para 3 a 6 jugadores.

Puede emplearse cualquier tipo de baraja, siendo la más recomendable la de caras españolas de 48 cartas o el Poker 20 de 52 cartas.

FORMA DE JUGAR.—Una vez determinado el jugador «mano» por cualquier sistema de sorteo, se barajan bien las cartas del Mazo y se dejan, caras abajo, en el centro de la mesa.

Inicia la partida el jugador «mano» robando una carta del Mazo. Si esta carta es un AS, la coloca en el centro de la mesa e inicia así una de las cuatro pilas (Oros, Copas, Espadas y Bastos) sobre las que se irá construyendo en orden correlativo ascendente y del mismo palo.

(Véase el esquema que indica la disposición del juego.)

Si la carta robada no fuera un AS, la dejará ante sí, descubierta, iniciando de esta forma su montón de descartes.

El siguiente jugador robará carta del Mazo teniendo dos posibilidades.

Jugar sobre cualquiera de las 4 pilas del centro, o cargar su carta sobre la que dejó descubierta el jugador anterior en su montón de descartes, para lo cual es condición indispensable que dicha carta

MONTON
DESCARTES

MONTON
DESCARTES

MAZO

MONTON
DESCARTES

MONTON
DESCARTES

MONTON
DESCARTES

sea correlativa ascendente o descendente, en número, sin tener en cuenta el palo.

Seguirá robando carta del Mazo mientras pueda jugarla en la forma indicada, finalizando su turno de juego
en el momento que, al no poder emplear la carta robada
del Mazo, tenga que exponerla ante sí, descubierta, para
iniciar su montón de descartes.

Una vez jugada la primera vuelta, todos los jugadores tienen ya iniciado su montón de descartes. A
partir de este momento, cualquier jugador, al llegar
su turno, intentará en primer lugar: dar empleo a sus
cartas del montón de descartes construyendo sobre las
cuatro pilas del centro, Oros, Copas, Espadas y Bastos,
o cargando al montón de descartes de los demás jugadores; es recomendable que procure cargar al jugador
que tenga menos cartas en su montón.

Cuando no pudiera emplear carta o cartas de su
montón de descartes, robará carta del Mazo tantas veces
como pudiera irlas empleando, y terminará su jugada
colocando la última carta que robó del Mazo y que no
pudo emplear, dejándola sobre su montón de descartes.

Cuando se agoten las cartas del Mazo, los jugadores
seguirán el juego empleando sucesivamente las cartas
de su montón de descartes, advirtiendo que, cuando un
jugador al llegarle su turno de juego o en el curso del
mismo no pudiera emplear la carta superior de su
montón de descartes, pondrá éste caras abajo, pasando
a ser su propio Mazo, del cual irá descubriendo cartas
para jugarlas y en caso de no tener empleo irlas dejando
en su nuevo montón de descartes.

El juego termina cuando un jugador se quede sin
cartas. Este es el ganador y los demás jugadores ano-
tarán cada uno de ellos tantos puntos perdidos como
número de cartas quedan en su mano.

LAS SIETE Y MEDIA

Se emplea baraja española de 40 cartas.

NUMERO DE JUGADORES. — Adecuado para un grupo de amigos o familiares, sorteándose quién ha de hacer de banquero y dador de las cartas.

DISTRIBUCION DE CARTAS. — Después de bien barajadas, se distribuye una carta a cada jugador, teniendo cuidado de que no se vean las caras.

VALOR DE LAS CARTAS. — Las figuras (Sota, Caballo, Rey), valen medio punto o «media» y las demás cartas el valor numérico que indica su índice.

OBJETO DEL JUEGO. — Hacer «siete y media». Es decir, cada jugador al llegarle su turno de pedir carta o cartas al banquero, deberá tener buen cuidado de no sobrepasar las «siete y media» al ir sumando las cartas que va recibiendo, puesto que quedaría eliminado.

MARCHA DEL JUEGO. — Cada jugador, al llegarle su turno, tiene dos posibilidades:

plantarse, es decir, no pedir carta, o

pedir carta o cartas.

Conviene advertir que es siempre obligatorio que cada jugador tenga una de sus cartas tapada y las demás caras a la vista. Cada jugador, al llegarle su turno, deberá indicar al banquero si desea recibir carta tapada o descubierta.

El banquero también juega, siendo su turno el último; juega con todas sus cartas a la vista a medida que las va sacando del mazo, y puede plantarse si lo estimara conveniente. La única ventaja que tiene es que gana en igualdad de valor de cartas con otro u otros jugadores.

Ejemplo: En el desarrollo del juego, un jugador se ha plantado con un 7, otro tiene 6 y media, otro se ha pasado, otro tiene 7 y media, etc. El banquero juega y si terminase su jugada con 7, gana a todos los jugadores, incluso al que tiene 7, perdiendo solamente con el que tiene 7 y media.

Plantarse es quedarse con la carta recibida en la distribución de cartas; dicha carta permanece tapada, y no se pide al banquero ninguna carta más, en el curso de ese juego.

TANTEO.—Antes de pedir carta o plantarse, cada jugador deberá poner sobre su carta la cantidad que se juega, marcando un límite para evitar diferencias excesivas. Especialmente para plantarse, como generalmente se hace teniendo un 6 ó un 7, el límite de la cantidad que se juega, suele limitarse aún mucho más.

El banquero recibe las cantidades jugadas por los que se han pasado y las de los jugadores que hayan tenido igual o menor valor de cartas que él. El banquero paga a los jugadores que han tenido valor superior de cartas, y si alguno hubiera conseguido «7 y media», le pagará doble.

La banca pasa al jugador más próximo a la mano del banquero que haya hecho las «7 y media».

Es aconsejable, por corrección, marcar la hora exacta para finalizar la partida.

EL «TON-TON»

Juego análogo al «PUMBA», pero más movido y divertido, en el que se emplean dos barajas de 52 cartas, es decir, eliminando los Jokers, siendo las más adecuadas las calidades N.º 20 Póker Español, N.º 26 Bridge y N.º 260 Bridge Fantasías, de nuestra Tarifa.

NUMERO DE JUGADORES.—Este juego es apropiado para un grupo de amigos o familiares, interesando que, como mínimo, intervengan 3 jugadores.

DISTRIBUCION DE CARTAS.—Se designa el jugador que debe dar las cartas mediante un sorteo cualquiera, quien repartirá 7 cartas a cada jugador y las restantes quedarán en el centro de la mesa formando el Mazo para robar en el curso del juego. Será «mano» el jugador situado a la derecha del que da las cartas.

OBJETO DEL JUEGO.—Quedarse sin cartas en la mano.

COMODINES.—En este juego se consideran Comodines las SOTAS.

MARCHA DEL JUEGO.—El jugador «mano» coloca una de sus cartas descubierta sobre la mesa, iniciando el montón de descartes. Pasa el turno al jugador situado a su derecha, quien se descartará de una de sus cartas, colocándola perfectamente superpuesta sobre la que descartó inmediatamente antes el jugador «mano», teniendo que ser del mismo palo o bien de igual valor en cualquiera de los otros tres palos. Si este segundo jugador no dispone de carta para poder descartarse en la forma indicada, robará una del mazo y si tampoco le es posible utilizarla, pasará el turno de juego al siguiente jugador de su derecha. Teniendo en cuenta que las SOTAS son Comodines, podrán emplearse en cualquier momento por el jugador que disponga de ellas, una vez llegado su turno de juego y aun cuando no fueran del palo marcado, como a continuación se indica.

LAS SOTAS.—Un jugador al llegarle su turno podrá descartarse de una SOTA, si la tiene y le interesa, cambiando el palo de juego a su conveniencia, es decir, que si descarta una SOTA de oros, por ejemplo, puede imponer el palo de oros, copas, espadas o bastos.

LOS TRESES.—Siempre que un jugador descarte un 3, cambiará el sentido de juego, de derecha a izquierda o viceversa.

LOS DOSES.—Si un jugador descarta un DOS, el jugador siguiente, según el sentido de juego en aquel momento, estará obligado a robar dos cartas del mazo, sin poder descartarse de ninguna y dejando el turno de juego, por tanto, al siguiente jugador.

LOS REYES.—Cuando un jugador descarta un Rey, el jugador inmediato a su derecha o izquierda, según el sentido del juego, está impedido de jugar en ese turno y pasará el mismo al siguiente jugador.

PUMBA.—Todo jugador, al quedarse con una sola carta en la mano, tiene obligación de avisarlo, diciendo en voz alta «PUMBA» y si lo olvidase y algún otro jugador lo advierte, será sancionado con 50 puntos.

FIN DEL JUEGO PARCIAL Y VALOR DE LAS CARTAS.— El juego parcial finaliza cuando un jugador se descarta de su última carta. En este momento todos los demás jugadores descubren las cartas que les quedan en la mano y el que lleva la cuenta de puntos anotará a cada uno tantos puntos como sume la valoración de sus cartas, según se indica a continuación:

Por cada Rey o Caballo.. 10 puntos

»	»	Tres	10	»
»	»	Dos	20	»
»	»	Sota	50	»	(por ser Comodín)

El resto de las cartas por su valor numérico, es decir, por un As, un punto, por un Seis, seis puntos, etc.

El jugador que gana un juego parcial tiene un premio de 10 puntos, a deducir de su cuenta de puntos.

QUIEN GANA LA PARTIDA.—Al comenzar la misma, se acuerda si se va a 100 ó 150 puntos u otra puntuación cualquiera. Todos los jugadores que en el curso de los juegos parciales vayan alcanzando o sobrepasando la cifra fijada, quedan automáticamente eliminados, hasta quedar un solo jugador que no alcance la puntuación tope, que es quien gana la partida.

INDICE

JUEGOS ESPECIALES
PARA NIÑOS

HERACLIO FOURNIER no ha olvidado a los niños y jóvenes que, en muchas ocasiones, disponen en el hogar de tiempo libre que lo deben emplear en la práctica de juegos que, a la vez que constituyen una distracción y diversión, desarrollan la inteligencia y fomentan la reunión social innata en todo individuo.

Por ello, tiene a la venta una selección de juegos, muy atractivos y de gran aceptación, que incluye los siguientes títulos:

SERIE CLASICA

- «JUEGO DE LOS OFICIOS»
- «ANDRES El Ciempiés»
- «TOD Y TOBY»
- «ANNELIESE»
- «TIN TIN»
- «PEDRO Y EL DRAGON ELLIOTT»
- «EL PAJARO LOCO»
- «EL GORDO Y EL FLACO»
- «POPEYE»
- «DESFILE WALT DISNEY»
- «PAREJAS DEL MUNDO»
- «BUGS BUNNY»
- «EL LIBRO DE LA SELVA»
- «MONOPATIN-SKATEBOARD»
- «TOM Y JERRY»
- «MORTADELO, FILEMON, Y...»
- «ANIMALES LOCOS DE AFRICA»
- «COCHES DE CARRERAS»
- «MOTOS DE CARRERAS»
- «MIX MAX»

NAIPES DEL TAROT

En la actualidad se ha desarrollado un gran interés y curiosidad por las ciencias ocultas, parapsicología, ocultismo, esoterismo, etc., es decir, por conocer todos aquellos fenómenos, a nuestro entender inexplicables, que nos rodean y que no alcanzamos a percibir y comprender.

Hay personas que poseen esas cualidades de captar los mensajes, y que intentan descubrir y desentrañar lo que está escondido en el tiempo y en el espacio, a esas personas y a todas las que desean introducirse en este medio de comunicación, tan antiguo y a la vez tan moderno, FOURNIER les facilita un medio muy conocido a través de los siglos, ya que se conocían en tiempos de los egipcios, persas, sirios y caldeos; se trata de los Tarots.

Estos naipes de Tarot van acompañados de sus correspondientes folletos explicativos, con el estudio de los cuales, les será más fácil «leer» a los que comienzan el significicado de las cartas.

Nuestros naipes editados de Tarot son los siguientes:

TAROT BALBI

Reproduce los bellísimos originales de Doménico Balbi, pintor italiano de actualidad, mundialmente famoso y experto en los orígenes y mitología de los Tarots.

SPANISH TAROT ESPAÑOL

Basado en un Tarot Clásico del año 1736. Museo Fournier. Textos en español y en inglés en los Arcanos Mayores y en el folleto de instrucciones.

EL GRAN TAROT ESOTERICO

Primer Tarot creado totalmente en España por la «sensible» especialista en cartología Marichu Erlanz de Guler. Dibujos originales de interpretación gráfica de Luis Peña Longa.

TAROT MITICO VASCO

Realizado según dibujos originales del artista navarro don Angel Elvira Martínez, habiendo contado asimismo con la colaboración de Marichu Erlanz de Guler, experta en cartomancia y quiromancia.

TAROT DE MARSELLA

Realizado siguiendo las ilustraciones de artistas marselleses del siglo XVIII. Los dibujos son del artista catalán don Adolfo Aymerich Ollé, y el folleto de instrucciones ha sido creado por Marichu Erlanz de Guler.

Todos estos Juegos de naipes se componen de 78 cartas.

22 Arcanos Mayores y
56 Arcanos Menores

DAME CARTAS

Margie Golick, diplomada en Psicología y educadora norteamericana, demuestra que los juegos de cartas constituyen una valiosa ayuda para las personas que deseen desarrollar en los niños las disposiciones básicas necesarias a su ingreso en el mundo de las actividades lectivas, constituyendo asimismo una gran ayuda para su fácil desenvolvimiento en las tareas de una escuela primaria.

A lo largo de sus 86 juegos, ampliamente razonados y comentados, nos viene a demostrar también cómo los juegos de naipes pueden ser una magnífica terapia para los niños con alguna insuficiencia psíquica o motriz.